职业院校汽车专业任务驱动教学法创新教材

汽车电气设备构造与维修

主　编　黄启敏　李缘忠　甘勇辉

副主编　高　彬　陈光倍　易坤仁

参　编　黄安威　窦　捷　朱洪印　刘国灿

　　　　方青媛　黄春芳　尹　辉　林宝宁

主　审　周宝誉

电子工业出版社·

Publishing House of Electronics Industry

北京·BEIJING

内 容 简 介

本书根据汽车运用与维修专业教学标准编写而成，系统而全面地介绍现代汽车电气设备的结构、原理、性能、使用、检测和维修技术及有关实践操作技能。全书内容分为 9 个项目、26 个学习任务，包括汽车电路导线颜色与电路符号、蓄电池的维护与检修、交流发电机的结构与检修、起动系统的结构与检修、点火系统的结构与检修、照明与信号系统的结构与检修、汽车仪表与报警系统的结构与检修、辅助电气系统的结构与检修、汽车空调系统的结构与检修。本书图文并茂，系统性强，对关键知识以引导问题的形式展现，结合厂家维修手册详细指导操作，简单易懂。

本书可作为职业院校汽车运用与维修及相关专业的教材，也可作为汽车维修技术人员、汽车运用与管理人员及汽车维修电工的培训教材。

图书在版编目（CIP）数据

汽车电气设备构造与维修 / 黄启敏，李缘忠，甘勇辉主编. -- 北京 ： 电子工业出版社, 2025. 2. -- ISBN 978-7-121-49763-6

Ⅰ. U472.41

中国国家版本馆 CIP 数据核字第 2025PX1538 号

责任编辑：张镨丹

印　　刷：大厂回族自治县聚鑫印刷有限责任公司

装　　订：大厂回族自治县聚鑫印刷有限责任公司

出版发行：电子工业出版社

　　　　　北京市海淀区万寿路 173 信箱　邮编：100036

开　　本：880×1 230　1/16　印张：14　字数：332.6 千字

版　　次：2025 年 2 月第 1 版

印　　次：2025 年 2 月第 1 次印刷

定　　价：43.00 元

凡所购买电子工业出版社图书有缺损问题，请向购买书店调换。若书店售缺，请与本社发行部联系，联系及邮购电话：（010）88254888，88258888。

质量投诉请发邮件至 zlts@phei.com.cn，盗版侵权举报请发邮件至 dbqq@phei.com.cn。

本书咨询联系方式：（010）88254549，zhangpd@phei.com.cn。

前　言

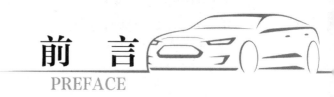

PREFACE

在汽车产业智能化、电动化转型的新时代背景下，汽车电气设备在整车中的重要性与日俱增，其技术革新速度与维保质量要求正经历着跨越式提升。目前，我国机动车保有量已突破 4 亿辆，且车载电气设备集成度呈现快速增长态势。为适应汽车产业技术变革对高素质技术人才的需求，编者根据职业院校教育教学特点及校企合作技术人员培训特点联合进行教材开发。

本书紧密围绕国家职业教育改革实施方案，聚焦"岗课赛证"融通培养理念，旨在打造契合现代汽车服务产业需求的优质教学资源。编写过程中，紧跟汽车产业发展前沿，及时纳入最新的技术和知识，力求系统、全面地介绍汽车电气设备的构造、原理、性能、特点及故障诊断与维修技术。

本书基于行业技术标准与岗位核心能力要求，采用"项目引领、任务驱动"的理实一体化编写模式。主要内容包括汽车电路导线颜色与电路符号、蓄电池的维护与检修、交流发电机的结构与检修、起动系统的结构与检修、点火系统的结构与检修、照明与信号系统的结构与检修、汽车仪表与报警系统的结构与检修、辅助电气系统的结构与检修、汽车空调系统的结构与检修 9 个项目、共 26 个学习任务，覆盖了学生需要掌握的知识和技能。各学习任务均取自汽车电气设备构造与维修领域的典型岗位任务，并按照情境描述—知识链接—任务实施的工作过程展开教学，同时为了保证教学的有效性，每个项目都配备明确的项目目标、项目考题配分评分表和课后习题。

本书由广西理工职业技术学校黄启敏、广西交通运输学校李缘忠、广西农业工程职业技术学院甘勇辉担任主编；广西华侨学校高彬、广西物资学校陈光倍、广西理工职业技术学校易坤仁担任副主编；广西理工职业技术学校黄安威、窦捷、朱洪印、刘国灿、方青媛、黄春芳、尹辉、上汽通用五菱汽车股份有限公司林宝宁参编；广西理工职业技术学校周宝誉担任主审。具体编写完成情况如下：黄启敏编写项目一、项目四，并负责全书统稿和定稿工作；甘勇辉编写项目二；陈光倍编写项目三学习任务一、二；林宝宁编写项目三学习任务三；方青媛编写项目五学习任务一；黄春芳编写项目五学习任务二；尹辉编写项目五学习任务三；

黄安威编写项目六学习任务一、二；窦捷编写项目六学习任务三、四；高彬编写项目七；朱洪印编写项目八学习任务一；刘国灿编写项目八学习任务二；易坤仁编写项目八学习任务三、四、五；李缘忠编写项目九；周宝誉负责全书审稿工作。

由于编者水平有限，书中难免存在疏漏和不足之处，敬请广大读者批评指正。

编　　者

目 录
CONTENTS

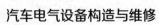

项目一

汽车电路导线颜色与电路符号

 项目概述

本项目是"汽车电气设备构造与维修"课程中的第一个项目,通过学习和掌握汽车电路导线颜色的使用规则、颜色的识别方法等相关理论和技能知识,为后续其他项目的电路识读打好基础。

 项目目标

知识目标

1. 了解汽车电路导线颜色的使用规则和颜色的识别方法。
2. 熟悉汽车电路图中导线颜色的标注及识别方法。
3. 熟悉汽车常用电气元件在汽车电路中的符号表示。

技能目标

1. 能准确识读汽车电路中导线的颜色。
2. 能准确识读汽车电路中的电路符号。
3. 能正确查阅相关车型的维修电路图。

素养目标

1. 提升学生安全环保意识及团队互助意识。
2. 培养学生发现问题、解决问题的能力。
3. 培养学生专业、专注的能力。
4. 培养学生爱岗敬业、刻苦钻研的精神。

学习任务 汽车电路导线颜色与电路符号介绍

 情景描述

一辆宝骏汽车发动机故障灯亮起，车主将该车送至某宝骏 4S 店维修，如果你是维修技师，请你对该故障车进行检修。检修发现是凸轮轴位置传感器故障，你是如何利用维修手册中的电路图指导检修的呢？

一、知识链接

引导问题 1. 汽车上的导线繁多，如何进行区分呢？

汽车上的导线是按照颜色编码进行区分的，主要分为单色导线和双色导线两种类型。

随着现代汽车电气设备日益增多，安装在汽车上的导线数量也越来越多。为便于识别和检修汽车电气设备，通常将电器线束中的低压导线进行颜色编码设计。目前主要采用两种选配方案，即以单色导线为基础的单色编码系统和以双色导线为基础的双色编码系统。

（1）以单色导线为基础的单色编码系统，其单色导线的颜色及其图示上的缩写分别如表 1-1 所示，其中黑色（BK）为专用接地（搭铁）线。

（2）以双色导线为基础的双色编码系统，各用电系统的电源线为单色，其余均为双色；其双色导线的主色如表 1-1 所示。

当导线标称截面积大于 1.5mm^2 时，只使用单色导线，但电源系统可增加使用主色为红色、辅色为白色或黑色的两种双色导线。对于标称截面积小于或等于 1.5mm^2 的双色导线，其主色、辅色的搭配可参见表 1-1。

表 1-1　导线颜色中英文对照表

序号	导线颜色	图示上的缩写	序号	导线颜色	图示上的缩写
1	红色	RD	13	红/黑色	RD/BK
2	黄色	YE	14	红/黄色	RD/YE
3	蓝色	BU	15	红/蓝色	RD/BU
4	绿色	GN	16	红/棕色	RD/BN
5	橙色	OG	17	棕/白色	BN/WH
6	紫色	VT	18	棕/黄色	BN/YE
7	灰色	GY	19	棕/红色	BN/RD
8	棕色	BN	20	棕/黑色	BN/BK
9	黑色	BK	21	绿/白色	GN/WH
10	白色	WH	22	绿/黑色	GN/BK
11	粉色	PK	23	黑/棕色	BK/BN
12	红/白色	RD/WH	24	黑/白色	BK/WH

序号	导线颜色	图示上的缩写	序号	导线颜色	图示上的缩写
25	黑/黄色	BK/YE	28	紫/白色	VT/WH
26	蓝/黑色	BU/BK	29	紫/黑色	VT/BK
27	蓝/黄色	BU/YE	—	—	—

引导问题 2. 汽车电气元件是怎样在电路图上用符号表示的呢？

1. 汽车电路图常用符号

（1）图形符号。

图形符号是用于电气图或其他文件中表示项目或概念的一种图形、标记或字符，是电气技术领域中最基本的工程语言。因此，为了看懂汽车电路图，我们要掌握和熟练的运用图形符号。常用的图形符号如表 1-2 所示。

表 1-2　常用的图形符号

图形符号	文字符号	名称	图形符号	文字符号	名称
 ──	S 或 SA	开关	 ─⊗─	HL	指示灯、信号灯
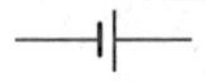 ─┤├─	GB	干电池	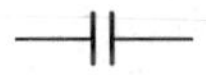 ─┤├─	C	电容
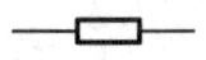 ─□─	R	电阻	 ─Ⓦ─	PW	功率表
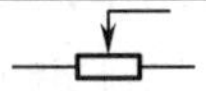 ─□─	RP	电位器	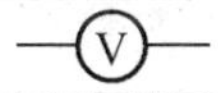 ─Ⓥ─	PV	电压表
 ─▷├	VD	二极管	 ─Ⓐ─	PA	电流表
 ─┼─	—	架空导线	○	X	端子
 ─┼─	—	焊接导线	 ─┴─	—	接地
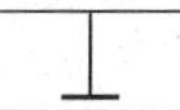 ─┴─	—	接机壳	 ⌒⌒⌒	L	电感器、线圈、绕组
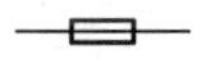 ─□─	FU	熔断器	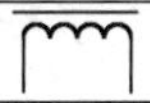 ⌒⌒⌒	L	带磁心的电感器

（2）图形符号的类型。

图形符号分为基本符号、一般符号和明细符号 3 种。

① 基本符号。

基本符号不能单独使用，不表示独立的电气元件，只说明电路的某些特征。例如，"—"表示直流，"～"表示交流，"+"表示电源的正极，"–"表示电源的负极，"N"表示中性线。

② 一般符号。

一般符号用以表示一类产品和此类产品特征的一种简单符号。例如，Ⓜ表示电动机的一般符号，⊗表示灯泡的一般符号。一般符号广义上代表各类元器件，另外，也可以表示没有附加信息或功能的具体元件，如一般电阻 R、电容 C 等。

③ 明细符号。

明细符号表示某种具体的电气元件。它是由基本符号、一般符号、物理量符号、文字符号等组合派生出来的。例如，Ⓜ表示电动机的一般符号，当要表示电流、电压的种类和特点时，将"M"处换成"A"或"V"，就成为明细符号。Ⓐ表示电流表，Ⓥ表示电压表。

2. 汽车电路识图

以宝骏 510 部分电路图为例（见图 1-1），电路图中各符号含义如表 1-3 所示。

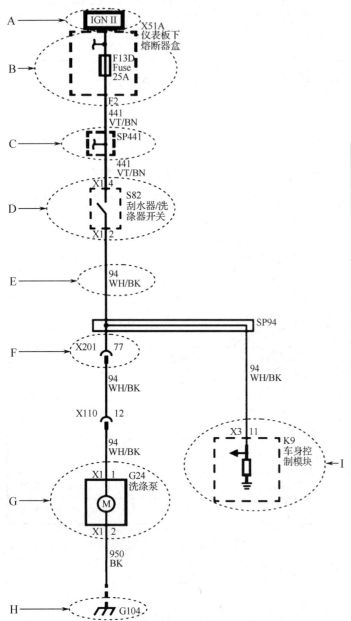

表 1-3　电路图中各符号含义

序号	说明
A	电源类型：LOCK，ACC，ON，START 及常通电源（B+）
B	仪表板下熔断器盒含有各种继电器和熔断器。F2 表示 F 接插端子的 2 号引脚
C	合点
D	控制开关，图例表示电流从该元器件的 4 号引脚进，2 号引脚出
E	导线标识，94 表示线路号为 94 的导线；WH/BK 表示带黑条的白色导线
F	不同线束之间的接插件端子代码，图例表示经过 X201 端子的 77 号引脚
G	完整元器件
H	搭铁
I	控制模块，输出\输入电阻

图 1-1　宝骏 510 部分电路图

二、任务实施

线路图识读如下。

Step1：打开发动机舱盖，找到发动机进气凸轮轴位置传感器或排气凸轮轴位置传感器，并检查接插件密封圈情况是否完好。

操作结果：_____

续表

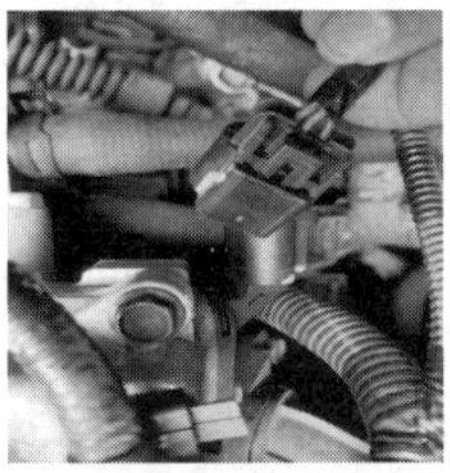	Step2：拔下进气凸轮轴位置传感器或排气凸轮轴位置传感器接插件，根据电路图中标注线的颜色和引脚号与实物进行验证。 操作结果：_____
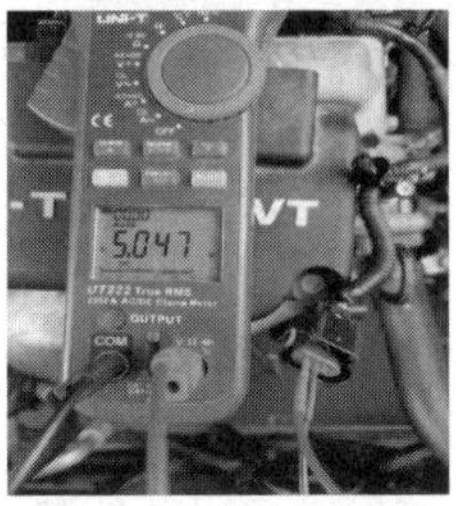	Step3：根据电路图定义的引脚号用万用表电压挡对进气凸轮轴位置传感器或排气凸轮轴位置传感器信号电压或传感器工作电压进行测量。 操作结果：_____

三、项目考题与配分评分表

1. 线路图识读实操考题

姓名				学号		
考试开始时间			考试结束时间		总计（分）	
自评：□合格□不合格		组长评：□合格□不合格		教师评：□合格□不合格		教师签字：
考核项目：线路图识读实操考核报告						
一、车辆信息记录						
品牌		整车型号			生产日期	
发动机型号		发动机排量			行驶里程	
车辆识别码						
二、根据指定元器件查询维修手册找到相关电路图，记录电路图中的信息						

指定元器件名称	传感器端引脚编号	引脚线束颜色（中文）	K20端引脚编号	引脚线束颜色（中文）
（进气凸轮轴）传感器				
（进气凸轮轴）传感器电路图上的代号信息		记录所查询的电路图在维修手册章节的页码或电路图代码		
指定元器件名称	传感器端引脚编号	引脚线束颜色（中文）	K20端引脚编号	引脚线束颜色（中文）
（排气凸轮轴）传感器				
（排气凸轮轴）传感器电路图上的代号信息		记录所查询的电路图在维修手册章节的页码或电路图代码		

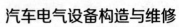

2. 线路图识读实操配分评分表

评分项	得分条件	评分标准	配分
情意面 （作业安全） （职业操守）	1. 能进行工位 9S 操作（总分 4 分） 　□1.1 整理、整顿（1 分） 　□1.2 清扫、清洁（1 分） 　□1.3 节约、安全（1 分） 　□1.4 服务、满意、素养（1 分） 2. 能进行设备和工具安全检查 （总分 5 分） 　□2.1 检查作业所需要的工具设备是否完备，有无损坏（0.5 分） 　□2.2 检查作业环境是否配备灭火器（0.5 分） 　□2.3 检查检测设备的电量是否充足（2 分） 　□2.4 检查检测设备的插头及电缆的放置位置是否安全（2 分） 3. 能进行车辆安全防护操作（总分 3 分） 　□3.1 正确安装车辆绝缘翼子板布和格栅垫（1 分） 　□3.2 正确安装车内四件套（1 分） 　□3.3 正确安装后车轮挡块（1 分） 4. 能进行工具量具清洁校准存放操作（总分 3 分） 　□4.1 使用工具前对工具量具进行校准（1 分） 　□4.2 使用工具后对工具量具进行清洁（1 分） 　□4.3 作业完成后对工具量具进行复位（1 分） 5. 能进行三不落地操作（总分 5 分） 　□5.1 作业过程中做到工具不落地（1 分） 　□5.2 作业过程中做到零件不落地（2 分） 　□5.3 作业过程中做到设备不落地（2 分）	依据得分条件进行评分，按要求完成的在□中打√，未按要求完成的在□中打×并扣除对应分数，扣分不得超过 20 分	20 分
技能面 （应用技能） （操作技能）	1. 能正确检测进气凸轮轴位置传感器的信号电压（总分 20 分） 　□1.1 插接信号引脚是否错误（4 分） 　□1.2 线束及插头密封圈没有出现破损（4 分） 　□1.3 插接背插针后，检查插接是否良好（4 分） 　□1.4 检测信号电压时多功能万用表的表笔连接是否正确（4 分） 　□1.5 多功能万用表所选择量程是否符合规格（2 分） 　□1.6 多功能万用表所选择挡位是否符合要求（2 分） 2. 能正确检测排气凸轮轴位置传感器的信号电压（总分 20 分） 　□2.1 插接信号引脚是否错误（4 分） 　□2.2 线束及插头密封圈没有出现破损（4 分） 　□2.3 插接背插针后，检查插接是否良好（4 分） 　□2.4 检测信号电压时多功能万用表的表笔连接是否正确（4 分） 　□2.5 多功能万用表所选择量程是否符合规格（2 分） 　□2.6 多功能万用表所选择挡位是否符合要求（2 分）	依据得分条件进行评分，按要求完成的在□中打√，未按要求完成的在□中打×并扣除对应分数，扣分不得超过 40 分	40 分

续表

评分项	得分条件	评分标准	配分
作业面 （保养作业） （拆装作业） （维修作业）	1. 能正确查询进气凸轮轴位置传感器电路图信息（总分 20 分） 　□1.1 从电路图中读取传感器端上各个引脚编号（5 分） 　□1.2 从电路图中读取传感器各个引脚对应导线的颜色（5 分） 　□1.3 从电路图中读取进气凸轮轴位置传感器编号（5 分） 　□1.4 从电路图中读取进气凸轮轴位置传感器线路在 K20 端上的引脚编号及含义（5 分） 2. 能正确查询排气凸轮轴位置传感器电路图信息（总分 20 分） 　□2.1 从电路图中读取传感器端上各个引脚编号（5 分） 　□2.2 从电路图中读取传感器各个引脚对应导线的颜色（5 分） 　□2.3 从电路图中读取排气凸轮轴位置传感器编号（5 分） 　□2.4 从电路图中读取排气凸轮轴位置传感器线路在 K20 端上的引脚编号及含义（5 分）	依据得分条件进行评分，按要求完成的在□中打√，未按要求完成的在□中打×并扣除对应分数，扣分不得超过 40 分	40 分

课后习题

一、填空题

1．图形符号是用于电气图或其他文件中表示项目或概念的一种_____、_____或字符，是_____领域中最基本的工程语言。

2．_____用以表示一类产品和此类产品特征的一种简单符号。

3．现在汽车上使用的电气设备越来越多，安装在汽车上的_____数目也越来越多，为了便于识别和检修汽车电气设备，通常将电器线束中的低压线采用不同的_____组成。

4．"___"表示电源的正极，"___"表示电源的负极。

二、选择题

1．电阻在电路中用（　　）表示。

　　A．R　　　　　　　B．T　　　　　　　C．Q　　　　　　　D．U

2．灯泡在电路中用（　　）表示。

　　A．Ⓜ　　　　　　　B．⊗　　　　　　　C．Ⓥ　　　　　　　D．Ⓐ

三、简答题

1．图形符号是什么？

2．图形符号分为哪三种符号？

项目二

蓄电池的维护与检修

 项目概述

本项目是"汽车电气设备构造与维修"课程中的第二个项目，通过学习和掌握汽车蓄电池的结构、原理、维护和检修方法等相关理论和技能知识，为后续蓄电池的使用与维护提供保障。

 项目目标

知识目标

1. 了解蓄电池工作原理和作用。
2. 熟悉蓄电池结构和型号的含义。

技能目标

1. 能正确检查与维护蓄电池。
2. 能够检修蓄电池的常见故障。

素养目标

1. 提升学生安全环保意识及团队互助意识。
2. 培养学生发现问题、解决问题的能力。
3. 培养学生精益求精的工匠精神、职业自信的能力。

学习任务一 蓄电池的认识

情景描述

王女士因公出差半个月，回来后想开自己的宝骏 510 汽车去周边游玩，但是按下车辆启动开关，车辆没有任何反应，这是什么问题呢？为什么会启动不了呢？

一、知识链接

引导问题 1. 蓄电池的功用是什么？

蓄电池的主要功用如下。

（1）启动发动机时，给起动机、发动机、电控系统、仪表等用电设备供电。

（2）当发电机过载或发动机低速运转时，协助发电机向用电设备供电。

（3）当发电机不发电时，由蓄电池向用电设备供电。

（4）当发电机端电压高于蓄电池电压时，蓄电池将一部分电能转化为化学能储存起来，即充电。

引导问题 2. 汽车用蓄电池的类型主要有哪些？

目前，汽车上常用的蓄电池类型有普通铅酸蓄电池、干荷电蓄电池、免维护蓄电池和胶体电解质蓄电池等。

引导问题 3. 汽车用蓄电池的构造及工作原理是什么？

1. 普通铅酸蓄电池构造

普通铅酸蓄电池（以下简称蓄电池）一般由 3 个或 6 个单体电池串联而成，如图 2-1 所示。其主要由极板、隔板、壳体（上盖/顶盖、池槽、电槽）、端子（极桩）及电解液等组成。

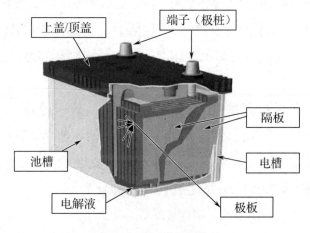

图 2-1 蓄电池的结构

（1）极板。

① 分类及构成：极板分为正极板和负极板两种，均由栅架和填充在其上的活性物质构成。

② 作用：蓄电池在充、放电过程中，电能和化学能的相互转换，就是依靠极板上的活性物质和电解液中硫酸的化学反应来实现的。

③ 活性物质及颜色区分：正极板上的活性物质是二氧化铅（PbO_2），呈深棕色；负极板上的活性物质是海绵状纯铅（Pb），呈青灰色。

④ 栅架的作用：容纳活性物质并使极板成形，其结构如图 2-2 所示。

⑤ 新结构：为了降低蓄电池的内阻，改善蓄电池的启动性能，有些蓄电池采用了放射型栅架。

⑥ 极板组：为了增大蓄电池的容量，将多片正、负极板分别并联焊接，组成正、负极板组，装在单体内。由于正极板的机械强度低，单面工作会因两侧活性物质体积变化不一致，而造成极板拱曲、活性物质脱落等不良现象，因而在每个单体电池中负极板总比正极板多一片。

⑦ 安装要求：安装时正、负极板相互嵌合，中间插入隔板。

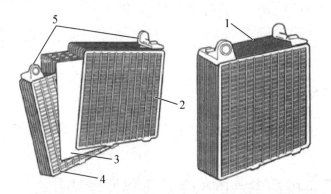

1—极板组总成；2—负极板；3—隔板；4—正极板；5—极板联条

图 2-2　栅架结构

（2）隔板。

① 作用：为了减小蓄电池的内阻和尺寸，蓄电池内部正、负极板应尽可能地靠近；为了避免彼此接触而短路，正、负极板之间要用隔板隔开。隔板结构如图 2-3 所示。

② 材料要求：隔板材料应具有多孔性和渗透性，且化学性能要稳定，既要耐酸性好，又要抗氧化性好。

③ 材料：常用的隔板材料有木质隔板、微孔橡胶、微孔塑料、玻璃纤维和纸板等。

④ 安装要求：安装时，隔板上带沟槽的一面应面朝正极板。

⑤ 新结构：在新型蓄电池中，将微孔塑料隔板制成袋状紧包在正极板外部，可进一步防止活性物质脱落，避免极板内部短路并使组装工艺简化。

（3）壳体。

① 作用：用于容纳电解液并固定极板组的结构。

② 材料：由耐酸、耐热、耐震、绝缘性好，并且有一定力学性能的材料制成。

③ 结构特点：壳体为整体式结构，其内部由隔板分隔成 3 个或 6 个互不相通的单体组成，底部有突起的肋条以搁置极板组。肋条之间的空间用来积存脱落下来的活性物质，以防在极板间造成短路。极板装入壳体后，上部用与壳体相同材料制成的上盖/顶盖密封，如图 2-4 所示。在上盖/顶盖上对应于每个单体的顶部都有一个加液孔，用于添加电解液和蒸馏水，也可用于检查电解液液面高度和测量电解液相对密度。正常使用时，加液孔用加液孔盖密封。

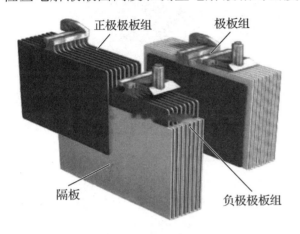

图 2-3　隔板结构　　　　　　　　　　　图 2-4　壳体

（4）端子（极桩）。

电池盖上有两个极桩，分别为正极桩和负极桩。正极桩用 "+" 表示或涂上红颜色，负极桩用 "−" 表示或涂上蓝颜色或不涂颜色，如图 2-5 所示。

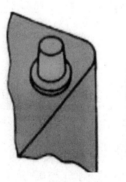

锥台形极桩　　　　　　L 形极桩　　　　装配前的 L 形极桩

图 2-5　极桩结构

（5）电解液。

① 作用：电解液在电能和化学能的转换过程（充电和放电）的电化学反应中起离子间的导电作用，并参与化学反应。

② 成分：它由纯硫酸和蒸馏水按一定比例配制而成，其密度一般为 1.24～1.30g/mL。

③ 注意：电解液的纯度是影响蓄电池性能和使用寿命的重要因素。

④ 安全警示：电解液有较强的腐蚀性，避免接触到皮肤和衣物。

（6）单体电池的串接方式。

蓄电池一般由 3 个或 6 个单体电池串联而成，额定电压分别为 6V 和 12V。

单体电池的连接方式一般有联条外露式、穿壁式和跨越式三种，如图 2-6 所示。早期的蓄电池大多采用联条外露式连接方式，新型蓄电池则采用先进的穿壁式或跨越式连接方式。

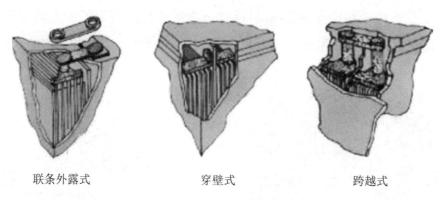

| 联条外露式 | 穿壁式 | 跨越式 |

图 2-6　单体电池的连接方式

① 联条外露式：这种连接方式工艺简单，但耗铅量大，连接电阻大，因而启动时电压降大、功率损耗也大，且易造成短路，现已淘汰。

② 穿壁式：该连接方式是在相邻单体电池之间的间壁上打孔供连接条穿过，将两个单体电池的极板组极柱连焊在一起。

③ 跨越式：该连接方式是在相邻单体电池之间的间壁上边留有豁口，连接条通过豁口跨越间壁将两个单体电池的极板组极柱相连接，所有连接条均布置在整体盖的下面。

穿壁式和跨越式连接方式与联条外露式连接方式相比，有连接距离短、节约材料、电阻小、启动性能好等优点，现在被广泛采用。

2. 干荷电蓄电池构造

近年来，一些汽车上装用了干荷电蓄电池。这种蓄电池只要灌入电解液，不需要进行初充电即可使用。

与普通蓄电池的区别：干荷电蓄电池极板组在干燥状态下能够较长时间（2 年）保存其在制造过程中所得到的电荷。干荷电蓄电池极板上的活性物质与普通蓄电池上的活性物质相同，所不同的是负极板的制造工艺与普通蓄电池的制造工艺不同。

正极板上的活性物质——二氧化铅的化学活性较稳定，它的荷电性能可以较长时间地保持，而负极板上的活性物质——海绵状纯铅，由于表面积大、化学活性高、容易氧化等，其荷电性能不易保持较长时间。干荷电蓄电池在制造过程中，在负极板的铅膏中加入松香、油酸、硬脂酸等防氧化剂，且在化学反应过程中进行了一次深放电或反复充、放电循环，使之在极板深层也形成海绵状铅。化学反应后的负极板经清水洗后再放入防氧化剂溶液中进行浸渍处理，并采用特殊干燥工艺，使负极板表面生成一层保护膜。这样，干荷电蓄电池的极板组就具备了在干燥状态下能够较长期保存其在制造过程中所得到的电荷。

3．免维护蓄电池构造

免维护蓄电池又称 MF 蓄电池。这种蓄电池因无酸液外泄，故极桩腐蚀轻，自行放电少，在车上或储存时不需要补充充电，在合理使用过程中 3.5～4 年无须添加蒸馏水。市内短途行驶 8 万千米、长途行驶 40～48 万千米不需要维护。免维护蓄电池的结构具有以下特点。

（1）极板栅架采用铅钙合金或低锑合金，减少了进气量和耗水量，自放电也大大减少。

（2）采用袋式聚乙烯隔板，将极板包住，减少了极板上活性物质的脱落，同时防止了极板短路。

（3）在气孔盖的内部设置了一个氧化铝过滤器，它既可以使 H_2 和 O_2 顺利溢出，又可防止水蒸气和 H_2SO_4 气体散失，因此减少了电解液的消耗。

（4）单体电池间的连接条采用穿壁式连接，减小了内阻。

（5）采用聚丙烯塑料外壳，底部无筋条，降低了极板的高度，增加了上部的容积，使电解液增多。

（6）由于免维护蓄电池无加液孔，无法用吸式密度计测量其电解液的密度，故一般内置一个相对密度计。

通过蓄电池盖观察镜观察，如果相对密度计顶部的圆点呈绿色，那么说明蓄电池荷电充足（存电 65%以上）；如果圆点呈深绿色或黑色，那么说明蓄电池荷电不足；如果圆点呈浅黄色或无色，那么说明蓄电池电压很低，已无法正常工作，应予以更换。

4．蓄电池的产品型号编制方法

根据机械工业部 JB/T 2599—2012《铅蓄电池名称、型号编制与命名方法》标准规定，蓄电池的型号由三部分组成，如图 2-7 所示，各部分之间用半字线分开。

| 串联单体电池数 | 电池类型 | 电池特性 | 额定容量 | 特殊性能 |

图 2-7　蓄电池型号的表示方法

（1）单体电池电压下降到放电终止电压。

（2）电解液密度下降到最小许可值。

放电终止电压与放电电流的大小有关。放电电流越大，允许的放电时间就越短，放电终止电压也越低，如表 2-1 所示。

表 2-1　单体电池放电终止电压

放电电流/A	$0.05C_{20}$	$0.1C_{20}$	$0.25C_{20}$	$20C_{20}$	$3C_{20}$
放电时间	20h	10h	3h	25min	5min
单体电池放电终止电压/V	1.75	1.70	1.65	1.55	1.50

注：C_{20} 为蓄电池的额定容量。

（3）蓄电池的充电。

充电时，蓄电池的正、负极分别与直流电源的正、负极相连，当充电电源的端电压高于蓄电池的电动势时，在电场的作用下，电流从蓄电池的正极流入，负极流出，这一过程称为充电。蓄电池充电过程是电能转换为化学能的过程。

充电时，正、负极板上的硫酸铅（$PbSO_4$）分别还原成二氧化铅（PbO_2）和铅（Pb），电解液中的硫酸（H_2SO_4）逐渐增多，而水（H_2O）逐渐减少，密度逐渐升高。

当充电接近终了时，$PbSO_4$ 已基本还原成 PbO_2 和 Pb，这时，过剩的充电电流会电解水生成氧气和氢气，氧气（O_2）从正极板附近逸出，氢气（H_2）从负极板附近逸出，这导致电解液液面高度降低。因此，普通铅酸蓄电池需要定期补充蒸馏水。

蓄电池充足电时的标志如下。

① 电解液中有大量气泡冒出，呈沸腾状态。

② 电解液的密度和蓄电池的端电压上升到规定值，且在 2～3h 内保持不变。综上所述，铅酸蓄电池的充、放电化学反应方程式为

$$Pb + PbO_2 + 2H_2SO_4 \rightleftharpoons 2PbSO_4 + 2H_2O$$

引导问题 4．影响蓄电池容量的因素有哪些？

1．蓄电池的容量

蓄电池的容量是标志蓄电池对外放电能力、衡量蓄电池性能优劣及选用蓄电池的最重要的指标。蓄电池容量是指在规定的放电条件下，完全充电的蓄电池所能输出的电量。蓄电池容量 C 等于放电电流 I_f 与放电时间 t_f 的乘积：$C = I_f \cdot t_f$。

蓄电池的容量分为额定容量、储备容量和启动容量等。这里只介绍常用的额定容量。

将充足电的蓄电池，在电解液温度为（25±5）℃的条件下，以 20h 放电率（放电电流为 $0.05C_{20}$）连续放电至单体电池平均电压降到 1.75V 时，输出的电量称为蓄电池的额定容量，用 C_{20} 表示，单位为 A·h。

例：6-Q-100 型蓄电池，其中"100"就是额定容量。它是在电解液温度为（25±5）℃的条件下，以 $I_f = 5A$（$0.05C_{20} = 0.05 \times 100 = 5A$）的电流连续放电至单体电池平均电压降到 1.75V 时，若放电时间 $t_f \geqslant 20h$，则其容量 $C = I_f \cdot t_f \geqslant 100A \cdot h$，达到额定容量，为合格产品；若放电时间小于 20h，则其容量低于额定容量，为不合格产品。

2．影响蓄电池容量的因素

（1）结构因素。

蓄电池极板的表面积越大，极板片数越多，参加反应的活性物质就越多，容量就越大；极板越薄，活性物质的多孔性越好，则电解液向极板内部的渗透越容易，活性物质利用率就越高，容量也越大。

（2）使用因素。

① 放电电流。放电电流越大，$PbSO_4$ 堵塞孔隙的速度也越快，导致极板内层大量的活性

物质不能参与反应，蓄电池的实际输出容量减小。

②　电解液的温度。温度低时，电解液黏度增加，离子运动速度慢，电解液向极板孔隙内层渗入困难，使蓄电池的容量下降。因此，冬季在寒冷地区使用起动机启动汽车时，应特别注意蓄电池的保暖。

③　电解液的密度。适当增加电解液密度，可以提高蓄电池的电动势，增强电解液的渗透能力，并减小电解液的电阻，使蓄电池容量增大。但密度过大，将使其黏度增加、渗透能力降低、内阻增大、端电压及容量减小。另外，电解液密度过高，蓄电池自行放电速度加快，并对极板栅架和隔板的腐蚀作用加剧，缩短了蓄电池的使用寿命。铅蓄电池电解液的密度应根据用户所在地区的气候条件而定。冬季使用的电解液，在不致结冰的条件下，尽可能使用密度稍低的电解液。

④　电解液的纯度。电解液中一些有害杂质沉附于极板上形成局部电池产生自放电，对蓄电池的容量和使用寿命有很大的影响，为此，电解液应用化学纯硫酸和蒸馏水配制。

二、任务实施

1. 认识蓄电池的构造

查阅资料对照实物，完成下图蓄电池零部件名称。

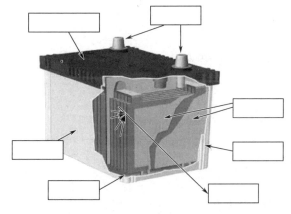

2. 掌握蓄电池的工作原理

查阅资料，根据蓄电池的工作原理图，写出相应的化学反应式。

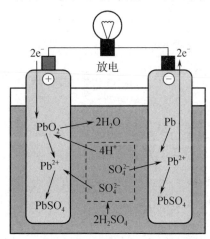

化学反应式：_____

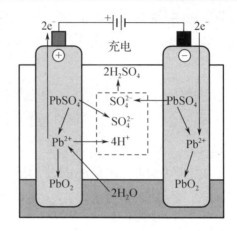

化学反应式：_____

综上所述，蓄电池充、放电过程中的化学反应是可逆的。总化学反应式如下：

_____

学习任务二　蓄电池的使用与维护

 情景描述

　　一辆宝骏 510 汽车的车主反映车辆在启动时起动机运转无力，车主将车送至某宝骏 4S 店维修，如果你是维修技师，则请你对该故障车进行检修。

一、知识链接

引导问题 1. 蓄电池使用注意事项有哪些？

蓄电池使用注意事项主要有以下几方面。

（1）蓄电池内有腐蚀性较强的硫酸，请务必远离儿童。安装、检查等操作时应采取防护措施。例如，酸液溅到皮肤或衣物上，应立即用 5% 的苏打水擦洗，再用大量清水冲洗，严重时应立即送往医院治疗。

（2）不要连续使用起动机。每次启动时间应不超过 5s，连续 2 次启动之间应间隔 15s 以上，连续 3 次启动不成功时，应查明原因，排除故障后再启动。在严寒地区冬季冷启动时应预热，以减少启动阻力矩。

（3）蓄电池充电和使用时，有大量的氢气、氧气产生。不能接近明火或高温热源，否则可能造成爆炸事故。高温季节严禁蓄电池在阳光下直接暴晒。

（4）对于电动汽车，在拆下蓄电池连接线或熔断器之前，应先读取系统的故障代码，否则 ECU 中储存的故障代码会丢失；同时必须确认点火开关处于切断位置，否则电路中产生的自感电动势，会损坏 ECU 及相关电子元器件。

（5）跨接启动其他车辆或用其他车辆跨接启动本车时，需要先切断点火开关，才能装拆跨接蓄电池的连接线。

（6）在车身上使用电弧焊之前，应先切断点火开关，才能拆下蓄电池的连接线。

（7）蓄电池安装应牢固、可靠，以防行车时振动和移位。

引导问题 2. 蓄电池拆装注意事项有哪些？

蓄电池拆装注意事项主要有以下几方面。

（1）拆装、移动蓄电池时，应轻搬轻放，严禁在地面上拖拽。

（2）安装前应确认蓄电池型号与车型相符，电解液密度和高度应符合规定。

（3）安装时必须将蓄电池固定在托架上，塞好防振垫，以免汽车行驶时蓄电池振动。

（4）极桩上应涂抹凡士林或润滑油，以防腐蚀；极桩卡子与极桩要求接触良好。

（5）不要将蓄电池的正、负极短路或接反，以免造成电击或火灾事故。

（6）拆下蓄电池充电或更换蓄电池后，连接应牢固，搭铁要可靠，以免烧损 ECU 中的线路，或者因发热而起火。

（7）拆下蓄电池时，应先拆负极后拆正极；安装蓄电池时，应先接正极后接负极。

引导问题 3. 蓄电池维护要点有哪些？

（1）保持蓄电池外表面的清洁干燥，及时清除极桩和电缆卡子上的氧化物，并确定蓄电池极桩上的电缆连接牢固。清洁蓄电池时，最好从车上拆下蓄电池，壳体可用刷子蘸取苏打水溶液清洗；托架可先用腻子刀刮净厚的腐蚀物，再用苏打水溶液清洗，最后用水冲洗，干燥后涂上防腐漆；对极桩和电缆卡子，可先用苏打水溶液清洗，再用专用清洁工具进行清洁。清洁后，在电缆卡子上涂抹凡士林或润滑油防止腐蚀。

（2）保持加液孔盖上通气孔的畅通，定期疏通。

（3）定期检查并调整电解液液面高度，液面不足时，应及时补充蒸馏水。

（4）定期使用密度计或高率放电计检查蓄电池的放电程度，当冬季放电超过 25%，夏季放电超过 50% 时，应及时将蓄电池从车上拆下进行补充充电。

（5）根据季节和地区的变化及时调整电解液的密度，以保证蓄电池的性能及防止电解液结冰。

（6）冬季给蓄电池添加蒸馏水时，必须在蓄电池充电前进行，以免水和电解液混合不均而引起结冰。

（7）冬季蓄电池应经常保持在充足电的状态，以防电解液密度降低而结冰，引起外壳破裂、极板弯曲和活性物质脱落等故障。

引导问题 4. 蓄电池技术状况的检查项目有哪些？

1. 蓄电池外观的检查

（1）检查蓄电池外壳是否破裂、电解液有无渗漏。

（2）检查蓄电池正、负极桩是否脏污或有无氧化物。

（3）检查加液孔盖是否有破裂、电解液有无渗漏、通气孔是否畅通。

2. 电解液液面高度的检查

（1）玻璃管测量法。

① 打开加液孔盖。

② 如图 2-8（a）所示，将玻璃管伸入单体电池中，并与极板的防护板接触。用拇指堵住管的上端口，然后提出液面。为防止酸液外滴，注意玻璃管不得离开蓄电池加液孔上方。

③ 测量玻璃管内液体的高度，此高度即高出极板的电解液液面高度。其值应为 10～15mm。若电解液液面过低，则应及时添加蒸馏水；若电解液液面降低是溅出所致，则应补加相应密度的电解液。

（2）液面高度指示线法。

对于采用工程塑料外壳的蓄电池，可从蓄电池外壳侧面直接观察电解液液面高度，如图 2-8（b）所示。正常的液面高度应介于两标线之间。

（3）加液孔观察法。

有些蓄电池在电解液加液孔下方的标准液面位置设有方形孔。通过观察，如果液面在方形孔下方，则说明液面过低；如果液面与方形孔平齐，则为正常；如果呈圆形 [见图 2-8（c）]，则说明液面过高。

（a）玻璃管测量法　　　　　（b）液面高度指示线法　　　　（c）加液孔观察法

图 2-8　检查电解液液面高度

3. 蓄电池放电程度的检查

（1）使用密度计测量电解液的相对密度。

通过测量电解液密度可以判断蓄电池的放电程度，相对密度每下降 $0.01g/cm^3$，相当于蓄电池放电 6%。电解液的相对密度可用专用密度计测量，如图 2-9 所示，具体测量步骤如下。

① 打开加液孔盖。

② 将橡皮管插入电解液，先捏紧密度计的橡皮球，再慢慢放松，待吸入的电解液达到玻璃管高度的 2/3 时（密度计内的密度芯漂浮起来），再慢慢地将密度计提出液面，如图 2-9（a）所示。

注意：密度计不得离开蓄电池加液孔上方，以防电解液外滴。

③ 按照液柱凹面水平线读取浮子杆上刻度线的数值，即电解液的相对密度。读数时，要求密度计刻度线与眼睛平齐，如图 2-9（b）所示。也可粗略地根据密度芯的红、绿、黄颜色区段估计出密度是否正常，如图 2-9（c）所示。

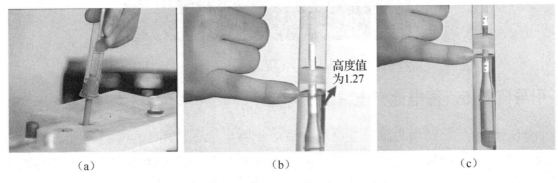

高度值为1.27

（a）　　　　　　　　（b）　　　　　　　　（c）

图 2-9　密度计测量电解液

④ 测量密度时，应同时测出电解液的温度，并将测量的密度值换算成 25℃时的相对密度。

⑤ 依次检查每个单体电池的电解液密度，各单体电池的相对密度差应小于 0.01g/cm³。

⑥ 将所测量的密度值与充电终了时的电解液密度值进行比较，根据密度下降量判断蓄电池的放电程度。

（2）使用高率放电计测量蓄电池的放电程度。

对于联条外露式蓄电池，由于其单体电池的极桩外露，因而使用 3V 高率放电计进行测量。由于该类蓄电池已被淘汰，故其放电程度的检测方法在此不进行介绍。

对于穿壁式蓄电池和跨越式蓄电池，由于单体电池极桩不外露，因而应使用12V 高率放电计（见图 2-10）进行放电程度的检查，具体步骤如下。

① 用力将放电计触针紧压在蓄电池正、负极桩上，保持 5～10s。

② 读取放电计上的电压值。

蓄电池放电程度的判断方法如下。

a. 如果蓄电池电压能稳定在 10.6～11.6V，则说明荷电充足。

b. 如果蓄电池电压能保持在 9.6V 以上，则说明蓄电池性能良好，但荷电不足。

c. 如果蓄电池电压迅速下降，则说明蓄电池已损坏。

图 2-10   12V 高率放电计

引导问题 5. 蓄电池充电方法有哪些？

目前，汽车广泛使用免维护蓄电池。免维护蓄电池在使用过程中一般不需要充电，一旦蓄电池使用无电，就应直接予以更换。但仍有少数汽车采用普通蓄电池或干荷电蓄电池，对于这些蓄电池，必要时仍然需要充电作业。

1. 充电设备

蓄电池是直流电源，必须用直流电源对其进行充电。汽车上的充电设备是由发动机驱动的交流发电机。充电时多采用硅整流充电机。

（1）充电机的正极接蓄电池的正极，充电机的负极接蓄电池的负极。

（2）接通电源，打开电源开关。

（3）若对 12V 蓄电池充电，则应按下 12V 按键；若为两只 12V 串联的蓄电池充电，则应按下 24V 按键。

（4）将电流调节旋钮调到初充电或补充充电要求的数值（详见后述内容），按充电规范进行充电。

2. 充电方法

蓄电池的充电方法主要有恒压充电、恒流充电和脉冲快速充电三种。

（1）恒压充电。

恒压充电是指充电过程中，充电电源电压保持恒定的充电方法。恒压充电的接线方法如图 2-11 所示。

在恒压充电初期，充电电流较大，因而充电时间较短，且不需要照管和调整充电电流，适用于补充充电。由于充电电流不可调节，所以不适用于初充电和去硫化充电。

（2）恒流充电。

恒流充电指充电电流保持恒定的充电方法，广泛用于初充电、补充充电和去硫化充电等。

① 同容量不同电压的蓄电池恒流充电接线方法。如果需要将容量相同、电压不同的蓄电池同时充电时，则按图 2-12 所示的方法接线。此方法适用于大容量的充电机对大批量蓄电池的充电。

② 不同容量不同电压的蓄电池恒流充电接线方法。将额定容量相同且放电程度相同的蓄电池串联起来，并使各串联组单体电池数相等，然后将各串联组并联到充电机上去。各电池的容量尽可能相同，充电电流应以小容量的蓄电池来计算。其接线方法如图 2-13 所示。

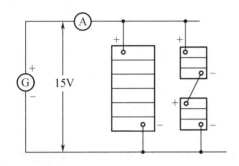
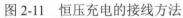

图 2-11　恒压充电的接线方法

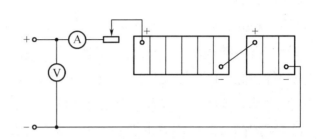

图 2-12　同容量不同电压的蓄电池恒流充电接线方法

为缩短充电时间，充电过程通常分为两个阶段。第一个阶段采用较大的充电电流，使蓄电池的容量得到迅速恢复，当蓄电池电量基本充足，单体电池电压达到 2.4V，电解液开始产生气泡时，转入第二个阶段，将充电电流减小一半，直到电解液密度和蓄电池端电压达到最大值且在 2～3h 内不再上升，蓄电池内部剧烈冒出气泡时为止。

恒流充电的适应性强，可任意选择和调整充电电流的大小，有利于保持蓄电池的技术性能和延长使用寿命；其缺点是充电时间长，要经常调节充电电流。

（3）脉冲快速充电。

脉冲快速充电必须用脉冲快速充电机进行，其充电电流波形如图 2-14 所示。

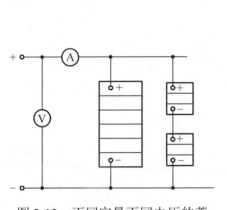

图 2-13　不同容量不同电压的蓄
　　电池恒流充电接线方法

图 2-14　脉冲快速充电电流波形

脉冲快速充电时，首先停止充电 25ms（称为前停充），然后放电或反向充电，使蓄电池反向通过一个较大的脉冲电流（脉冲深度一般为充电电流的 1.5～3 倍，脉冲宽度为 150～

1000μs），最后停止充电 40ms（称为后停充），以后的过程为正脉冲充电→前停充→负脉冲瞬间放电→后停充→正脉冲充电……循环进行，直至充足电。

脉冲快速充电的优点是充电时间可大大缩短（新蓄电池充电仅需 5h，补充充电只需 1h）；缺点是对蓄电池的寿命有一定的影响，并且脉冲快速充电机结构复杂，价格昂贵，适用于电池集中、充电频繁、要求应急的场合。

3. 充电种类

（1）初充电。

初充电指对新的或更换极板后的蓄电池进行的第一次充电。其操作步骤如下。

① 按蓄电池制造厂的规定和本地区的气温条件，加注一定密度的电解液（加注前，电解液温度不得超过 30℃），放置 4～6h，使极板浸透，并调整液面高度至规定值。

② 将蓄电池的正、负极分别与充电机的正、负极相连。

③ 采用两阶段恒流充电法充电时，第一阶段充电电流为额定容量的 1/15，待电解液中有气泡冒出单体电池电压达 2.4V 时，转入第二阶段，将电流减小一半，直至蓄电池充足电。

充电过程中应注意测量电解液的温度，当温度超过 40℃时，应将电流减半，如温度继续上升达 45℃时，应停止充电，待冷却至 35℃以下时再充电。

④ 充好电的蓄电池应检查电解液的密度，若不符合规定，则应用蒸馏水或 1.4g/cm³ 的稀硫酸进行调整，并调整液面高度至规定值。调整后，再充电 2h，直到电解液密度符合规定为止。不同型号铅蓄电池的初充电电流值参见表 2-2。

（2）补充充电。

补充充电是指对使用中的蓄电池在无故障的前提下，为保持或恢复其额定容量而进行的正常的保养性充电。

汽车用普通蓄电池应每 1～2 个月从车上拆下来进行一次补充充电，使用中，如发现下列现象之一时，则必须及时进行补充充电。

① 电解液相对密度降至 1.15g/cm³ 以下。

② 冬季放电量超过 25%，夏季放电量超过 50%。

③ 前照灯灯光比平时暗淡，启动无力。

④ 单体电池电压降到 1.70V 以下。

补充充电可采用恒压充电法或两阶段恒流充电法。汽车上的蓄电池采用恒压充电法充电。补充充电时多采用两阶段恒流充电法充电。

采用两阶段恒流充电法进行补充充电时，应先用额定容量的 1/10 的电流进行充电，当单体电池电压达到 2.4V 以上时，将电流减半后至充足为止。不同型号铅蓄电池的补充充电电流值参见表 2-2。

表 2-2　不同型号铅蓄电池的初充电电流值

蓄电池型号	额定容量/（A·h）	额定电压/V	初充电				补充充电			
			第一阶段		第二阶段		第一阶段		第二阶段	
			电流/A	时间/h	电流/A	时间/h	电流/A	时间/h	电流/A	时间/h
3-Q-105	105	12	7	30～40	3.5	25～30	10.5	10～12	5.25	3～5
6-Q-60	60	12	4	30～40	2	25～30	6	10～12	3	3～5
6-Q-75	75	12	5	30～40	2.5	25～30	7.5	10～12	3.75	3～5
6-Q-90	90	12	6	30～40	3	25～30	9	10～12	4.5	3～5

（3）间歇过充电。

间歇过充电是为了避免使用中的铅蓄电池极板硫化的一种预防性充电，汽车用铅蓄电池应每隔 3 个月进行一次间歇过充电。

充电方法：先按补充充电的方法将蓄电池充足电，停歇 1h 后，再以减半的充电电流值进行过充电至沸腾，再停歇 1h 后，重新接入充电，如此反复，直到蓄电池接入充电时立即沸腾为止。

（4）循环锻炼充电。

循环锻炼充电是铅蓄电池为防止极板钝化而进行的保养性充电。为避免活性物质长期不工作而收缩，每隔 3 个月进行一次循环锻炼充电。

充电方法：先按补充充电或间歇过充电方法将铅蓄电池充足电，再外接一定负载按 20h 放电率连续放电至单体电池电压降为 1.75V 为止，其容量降低不得大于额定容量的 10%，否则，应进行充、放电循环，直至容量达到额定容量的 90%，方可使用。

（5）去硫化充电。

去硫化充电是消除铅蓄电池极板轻度硫化的一种充电。充电方法和步骤如下。

① 将铅蓄电池按 20h 放电率放电至单体电池电压降至 1.75V 为止。

② 倒出电解液，用蒸馏水反复冲洗几次，然后加入蒸馏水至规定的液面高度，用初充电第二阶段充电电流进行充电，当电解液密度增大到 $1.15g/cm^3$ 时，再将电解液倒出，加入蒸馏水，继续充电，反复多次，直至电解液密度不再上升。

③ 换用正常密度的电解液，按初充电方法将蓄电池充足电。

④ 用 20h 放电率放电，检查容量，若其输出容量可达额定容量的 80%以上，则可装车使用，若达不到，则应更换蓄电池或检修。

引导问题 6. 蓄电池常见故障有哪些？

汽车蓄电池的常见故障可分为外部故障与内部故障。常见的外部故障有壳体破裂、极桩腐蚀、桩头松动、封胶干裂等；常见的内部故障有极板硫化、活性物质脱落、极板短路、自放电及蓄电池反极等。

蓄电池的外部故障通过检视即可发现；蓄电池的内部故障一般可通过观察电解液及极板

的情况，或者借助密度计、高率放电计检查蓄电池的密度、端电压和容量等性能参数予以判断。

一、外部故障

1. 外壳破裂

（1）故障原因。

① 蓄电池固定螺母拧得过紧。

② 行车剧烈振动。

③ 碰撞或敲击。

④ 电解液结冰。

（2）检查方法。

检查电解液液面高度及蓄电池底部的潮湿情况。如果电解液液面过低及蓄电池底部有潮湿现象，则可以判定蓄电池外壳破裂。

（3）排除方法。

蓄电池外壳裂纹轻者可修补，重者应更换。

2. 封口胶破裂

（1）故障原因。

① 蓄电池质量低劣。

② 蓄电池受到撞击。

（2）排除方法。

封口胶轻微裂缝可清洁干燥后，用喷灯喷裂纹处烤热熔封；严重者可将封口胶清除干净，重新封口。

3. 极桩螺栓和螺母腐蚀

（1）故障原因。

① 蓄电池质量不佳，使用时有电解液溢出。

② 蓄电池充电电流过大，导致电解液挥发过快。

③ 蓄电池的使用时间过长，电解液挥发慢慢与极桩发生反应。

（2）排除方法。

蓄电池极桩螺栓和螺母产生的腐蚀物，可先用竹片刮去，再用抹布蘸取5%的碱溶液擦拭，最后用清水清洗干净，待干燥后在极桩和接线端表面涂上凡士林。若腐蚀严重，则应更换极桩接线螺栓与螺母。

4. 蓄电池爆炸

（1）故障原因。

蓄电池充电后期电解液中的水分解为氢气和氧气。由于氢气可以燃烧，氧气可以助燃，如果气体不能及时逸出，则遇明火即迅速燃烧，从而引起爆炸。

（2）预防措施。

保持蓄电池加液螺塞通气孔畅通，严禁蓄电池周围有明火；蓄电池连接应可靠，以免松动引起火花。

二、内部故障

1. 极板硫化

（1）故障现象。

① 极板表面有较厚的白霜，严重时打开加液孔盖即可看见。

② 放电时，容量明显降低，端电压下降很快。

③ 充电时，电压上升快，过早出现沸腾现象。

④ 电解液密度偏低。

（2）故障原因。

① 蓄电池长期充电不足或放电后未及时充电。

② 电解液液面太低，使极板上部与空气接触而强烈氧化、硫化。

③ 电解液不纯，含有较多的有机物和杂质。

④ 电解液密度过高，使硫酸铅溶解困难。

（3）排除方法。

对于轻微硫化的蓄电池，可采用过充电法消除或用快速充电机充电；对于硫化较严重的蓄电池，采用去硫化充电法消除；对于硫化严重的蓄电池，应更换极板或予以报废。

2. 活性物质脱落

（1）故障现象。

① 充电时电解液混浊，有褐色物质自底部泛起（因正极板的活性物质易脱落）。

② 蓄电池容量下降。

（2）故障原因。

① 充电电流过大或过充电时间太长。

② 低温时大电流放电，极板拱曲。

③ 电解液不纯。

④ 蓄电池使用中振动过于剧烈。

（3）排除方法。

① 不可过充电，单体电池电压充至 2.5V 时，应停止充电。

② 充电电流不宜过大，尤其是充电后期应减小充电电流，使气泡不至于过分剧烈地逸出。

③ 不可过放电，放电时电解液温度不宜过低。

④ 对活性物质脱落严重的，应拆开蓄电池，更换极板。

3. 极板短路

（1）故障现象。

① 容量下降，甚至没有容量。

② 充电电压低，密度上升慢，充电中很少有气泡。

③ 用高率放电计测试时，蓄电池电压很低或为零。

（2）故障原因。

① 隔板质量差或有缺损，在极板拱曲后，使正、负极板活性物质相互接触。

② 活性物质脱落严重，沉积在蓄电池底部，使正、负极板连接。

③ 有导电异物落入电池内，形成导电桥接通正、负极板。

（3）排除方法。

找出短路所在的单体，拆开修理，更换新隔板等。

4. 自放电

（1）故障现象。

完全充足电的蓄电池，长期放置不用会逐渐失去电量，称为自放电。自放电是不可避免的，若每昼夜容量下降不超过 2%，则属正常自放电。

（2）故障原因。

① 电解液中含杂质过多，其中金属微粒与极板之间形成局部电池，使正、负极板上活性物质转变为庶酸铅，从而使蓄电池失去容量。

② 蓄电池外壳不清洁，其表面有微电流流过，引起自放电。

③ 蓄电池长期放置不用，使电解液下部的密度比上部的密度大，极板的上、下部之间出现电位差，引起自放电。

（3）排除方法。

① 使用时应保持蓄电池外表的清洁，特别应注意清除极桩处的氧化物和酸垢。

② 当蓄电池需要加水时，一定要加蒸馏水。

③ 每月进行一次补充充电。

④ 自放电严重的蓄电池，应将其完全放电或过充电，使极板上的杂质进入电解液，然后倒出，用蒸馏水清洗，再加入新的电解液重新充电。

5. 蓄电池反极

（1）故障现象。

① 电池组电压下降，输出容量下降。

② 极板、极桩颜色异常，反极严重时会造成活性物质的大量脱落及极板拱曲。

（2）故障原因。

① 当多个蓄电池串联使用时，如果个别蓄电池或单体电池的容量比其他蓄电池或单体电

池的容量都少，那么在放电过程中，它将首先放完。由于该电池电压低，又丧失了放电的能力，这时该电池就成为一个用电器，其他尚有容量的蓄电池就串联起来给该电池充电，成为一个反极充电电池。

② 充电时，蓄电池与充电机接线错误，造成充电电流反向。

（3）排除方法。

① 在蓄电池组的放电过程中，应注意个别电压明显偏低的电池，在尚未反极时，即停止放电。

② 当发现有反极电池时，应立即对反极电池进行单独过充电，并对反极电池进行多次充放电循环锻炼，直到与其他电池一致时为止。

二、任务实施

1. 日常维护蓄电池

通常汽车每行驶 1000km，或者冬季行驶 10～15 天、夏季行驶 5～6 天，需要对蓄电池进行下列检查。

Step1：检查蓄电池在车上安装是否牢靠。

操作结果：_____

Step2：清理蓄电池。
技术要求：清除蓄电池外壳上的灰尘、泥土，擦去蓄电池顶端的电解液，清理好加液孔盖上的气孔，清除极桩和导线接头上的氧化物。

操作结果：_____

Step3：用高率放电计测量放电电压。

技术要求：单体电池的电压应在 1.5V 以上，并在 5s 内保持稳定。

操作结果：_____

Step4：经常检查蓄电池的放电程度，超过规定时立即充电。

测量结果：_____V

2. 更换蓄电池

Step1：拆下蓄电池前部护罩。

操作结果：_____

Step2：断开蓄电池正、负极。

操作结果：_____

Step3：拆下蓄电池固定螺栓，取下蓄电池。

操作结果：_____

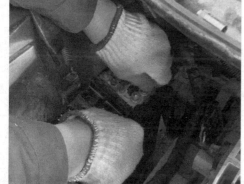

Step4：将新的蓄电池放到蓄电池座中，安装蓄电池固定支架及螺栓。

操作结果：_____

Step5：安装蓄电池正、负极固定螺栓，按标准力矩拧紧固定螺栓。
技术要求：固定螺栓的拧紧力矩为 6N·m。

操作结果：_____

Step6：安装蓄电池前部护罩及上部护罩。

操作结果：_____

三、项目考题与配分评分表

1. 电源系统检查保养模拟考题

姓名		学号		班级	
考试开始时间		考试结束时间		总计（分）	
自评：□合格□不合格		组长评：□合格□不合格		教师评：□合格□不合格	教师签字：

考核项目：电源系统检查保养实操考核报告

一、车辆信息记录					
品牌		整车型号		生产日期	
发动机型号		发动机排量		行驶里程	
车辆识别码					

二、启动与充电系统检查保养

序号	检查项目	检测数据	检测结果
1	蓄电池静态电压		正常□异常□
2	起动机正极电压		正常□异常□
3	怠速时最小充电电压		正常□异常□
4	高转速时最大充电电压		正常□异常□
5	蓄电池容量		正常□异常□

三、核对蓄电池信息

序号	核对项目	实车信息	制造商信息
1	选装代码		
2	额定电压		
3	额定容量		
4	冷启动电流值		
5	电池类型		
分析	电池 RPO 信息是否符合制造商要求：是□否□		

四、检测漏电电流和寄生电流

序号	项目	额定值	断点 5min 后
1	漏电电流检测		
2	寄生电流检测		

2. 电源系统检查保养配分评分表

评分项	得分条件	评分标准	配分
情意面 （作业安全） （职业操守）	1. 能进行工位 9S 操作（总分 4 分） 　□1.1 整理、整顿（1 分） 　□1.2 清扫、清洁（1 分） 　□1.3 节约、安全（1 分） 　□1.4 服务、满意、素养（1 分） 2. 能进行设备和工具安全检查（总分 5 分） 　□2.1 检查作业所需要的工具设备是否完备，有无损坏（1.5 分） 　□2.2 检查作业环境是否配备灭火器（1.5 分）	依据得分条件进行评分，按要求完成的在□中打√，未按要求完成的在□中打×并扣除对应分数，扣分不得超过20分	20 分

续表

评分项	得分条件	评分标准	配分
情意面 （作业安全） （职业操守）	□2.3 检查检测设备的电量是否充足（2分） 3. 能进行车辆安全防护操作（总分3分） 　□3.1 正确安装车辆绝缘翼子板布和格栅垫（1分） 　□3.2 正确安装车内四件套（1分） 　□3.3 正确安装后车轮挡块（1分） 4. 能进行工具量具清洁校准存放操作（总分3分） 　□4.1 使用工具前对工具量具进行校准（1分） 　□4.2 使用工具后对工具量具进行清洁（1分） 　□4.3 作业完成后对工具量具进行复位（1分） 5. 能进行三不落地操作（总分5分） 　□5.1 作业过程中做到工具不落地（1分） 　□5.2 作业过程中做到零件不落地（2分） 　□5.3 作业过程中做到设备不落地（2分）	依据得分条件进行评分，按要求完成的在□中打√，未按要求完成的在□中打×并扣除对应分数，扣分不得超过20分	20分
技能面 （应用技能） （操作技能）	1. 能正确对电源系统进行检查和保养（总分20分） 　□1.1 能正确检查蓄电池静态电压（3分） 　□1.2 能正确检查起动机正极电压（4分） 　□1.3 能正确检查怠速时最小充电电压（3分） 　□1.4 能正确检查高转速时最大充电电压（3分） 　□1.5 能正确检查蓄电池容量（3分） 　□1.6 多功能万用表所选择量程是否符合规格（2分） 　□1.7 多功能万用表所选择挡位是否符合要求（2分） 2. 能正确检测漏电电流（总分20分） 　□2.1 关闭用电设备，锁好车门（6分） 　□2.2 拆下蓄电池负极，连接万用表表笔（6分） 　□2.3 读取数值，判断是否漏电（4分） 　□2.4 多功能万用表所选择量程是否符合规格（2分） 　□2.5 多功能万用表所选择挡位是否符合要求（2分）	依据得分条件进行评分，按要求完成的在□中打√，未按要求完成的在□中打×并扣除对应分数，扣分不得超过40分	40分
作业面 （保养作业） （拆装作业） （维修作业）	1. 能正确查询且核对蓄电池的信息（总分25分） 　□1.1 能正确查询选装代码（5分） 　□1.2 能正确查询额定电压（5分） 　□1.3 能正确查询额定容量（5分） 　□1.4 能正确查询冷启动电流值（5分） 　□1.5 能正确查询电池类型（5分） 2. 能正确查询漏电电流检查方法和标准值（总分15分） 　□2.1 能正确查询漏电电流检查方法（5分） 　□2.2 能正确查询漏电电流额定值（5分） 　□2.3 能正确判断是否漏电（5分）	依据得分条件进行评分，按要求完成的在□中打√，未按要求完成的在□中打×并扣除对应分数，扣分不得超过40分	40分

课后习题

一、判断题

1．极板组中负极板总是比正极板多一片。 （　　）

2．配制电解液时，严禁将蒸馏水倒入硫酸内。 （　　）

3．汽车上采用单线制时，必须是负极搭铁。 （　　）

4．在放电过程中，电解液相对密度是升高的。 （　　）

5．蓄电池电动势的大小，取决于电解液的相对密度和温度。 （　　）

6．放电电流越大，端电压下降越快。 （　　）

7．电解液注入蓄电池内以后，要静止放置5～8h，才能进行充电。 （　　）

8．免维护蓄电池在使用过程中，无须添加蒸馏水。 （　　）

二、填空题

1．启动发动机需要提供强大的电流，强大的电流强度是＿＿＿＿＿＿＿。

2．电解液由＿＿＿＿＿＿＿和＿＿＿＿＿按一定比例配制而成。

3．蓄电池充电的过程是＿＿＿＿转化为＿＿＿＿的过程。

4．起动机每次启动时间不得超过＿＿s，相邻两次启动之间应间隔＿＿s。

5．充电设备是指＿＿＿＿＿＿，汽车上采用的是由＿＿＿＿＿驱动的＿＿＿＿＿。

三、简答题

1．蓄电池主要由哪些部件组成？

2．蓄电池的常见故障有哪些？

3．试解释6-Q-100型蓄电池型号的意义。

4．影响蓄电池寿命的主要因素有哪些？

5．在什么情况下要进行补充充电？

项目三

交流发电机的结构与检修

 项目概述

本项目是"汽车电气设备构造与维修"课程中的第三个项目，通过学习交流发电机的结构、工作原理和功用，掌握交流发电机的结构分解、交流发电机相关电路的检查方法和电源电路常见故障的检修方法，为后续汽车电源系统维护提供保障。

 项目目标

知识目标

1. 了解交流发电机的结构和工作原理。
2. 熟悉交流发电机的检测方法。

技能目标

1. 能正确检查与维护交流发电机。
2. 能够检修交流发电机的常见故障。掌握交流发电机的结构分解、交流发电机相关电路的检查方法和电源电路常见故障的检修方法。

素养目标

1. 提升学生安全环保意识及团队互助意识。
2. 培养学生发现问题、解决问题的能力。

学习任务一 交流发电机的认识

 **情景描述**

车主王先生来到汽车 4S 店反映，他的汽车在发动机启动后，充电指示灯仍然点亮，经 4S 店工作人员检修后发现是电源系统有故障。为了能正确地检修电源系统，作为汽车维修技师必须熟悉交流发电机的结构与工作原理。

一、知识链接

引导问题 1. 交流发电机的功用是什么？

因汽车蓄电池的能量是有限的，不能满足汽车长时间连续供电的需求。在发动机正常工作时，交流发电机是汽车的主要电源，交流发电机由发动机驱动，它与发电机调节器相互配合工作。发电机是汽车电源系统的主要设备，其作用是在发动机怠速转速以上运转（正常运转）时向起动机以外的所有用电设备供电，同时给蓄电池充电。交流发电机有三个主要功能，一是发电，由发动机带动发电机的转子旋转，在定子线圈中产生交流电；二是整流，利用整流电路将定子线圈产生的交流电整流为直流电，为汽车上的用电设备提供电源；三是调节电压，利用电压调节器调节发电机的电压，在发动机转速和负载发生变化时使供电电压保持稳定。

引导问题 2. 汽车用交流发电机的类型主要有哪些？

发电机有直流发电机和交流发电机两种。直流发电机曾经在汽车上使用过，目前已淘汰。现在汽车上广泛使用的是交流发电机，交流发电机按结构分类，可分为外装电压调节器式交流发电机、整体式交流发电机、带泵交流发电机、无刷交流发电机、永磁交流发电机；按励磁绕组搭铁方式分类，可分为内搭铁式交流发电机、外搭铁式交流发电机；按装用的二极管数量分类，可分为 6 管交流发电机、8 管交流发电机、9 管交流发电机、11 管交流发电机。交流发电机具有发电性能好、使用寿命长、体积小、质量轻、结构紧凑等优点，以硅整流交流发电机应用最为普遍。

引导问题 3. 汽车用交流发电机的结构及工作原理是什么？

1. 交流发电机的结构

汽车用交流发电机多采用三相同步交流发电机，主要由转子、定子、电刷组件、整流器、前/后端盖、风扇及带轮等部件组成，如图 3-1 所示。转子用来建立磁场，定子中产生的交变电动势经过整流器整流后输出直流电。

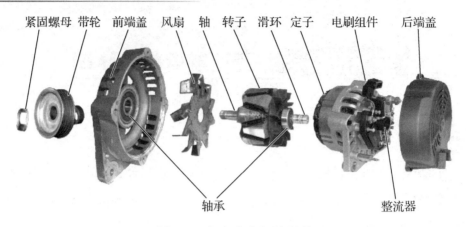

图 3-1　交流发电机的结构

（1）转子。

交流发电机转子的作用是产生磁场，它主要由两块爪极、磁场绕组、滑环及转子轴等组成，如图 3-2 所示。

图 3-2　交流发电机转子

两块爪极被压装在转子轴上，其内腔装有磁轭，磁轭上面绕有磁场绕组。磁场绕组两端的引线分别焊在与转子轴绝缘的两个滑环上。滑环与装在后端盖内的两个电刷相接触，两个电刷装在与端盖绝缘的电刷架内，通过弹簧力使其与滑环保持接触。当发电机工作时，两电刷通过引线分别接在两个螺钉接线柱上，一个接线柱为发电机的励磁接线柱 F，另一个接线柱为搭铁接线柱。这两个接线柱与直流电源连通，可为磁场绕组提供定向电流并产生轴向磁通，使两块爪极被分别磁化为 N 极和 S 极，从而形成犬牙交错的磁极对并沿圆周方向均匀分布。当转子转动时，定子便产生交流电动势。

（2）定子。

交流发电机的定子又称为电枢，是产生和输出交流电的部件，由定子铁芯和定子绕组组成。定子铁芯由相互绝缘的内圆带槽的环状硅钢片叠成，如图 3-3 所示。定子槽内置有三相绕组，三相绕组的接法有三角形和星形（Y 形）两种，一般多采用 Y 形连接。每相绕组的首端分别与整流器的硅二极管相连，作为交流发电机的输出端。每相绕组的尾端连接在一起，组成 120°电角度的对称电动势。

图 3-3　交流发电机定子

（3）电刷组件。

电刷组件由电刷、电刷架和电刷弹簧组成，装在后端盖上。两个电刷分别装在电刷架的孔内，如图 3-4 所示，电刷借助弹簧压力与滑环保持接触。目前国产交流发电机的电刷架有两种结构形式：一种是电刷架可直接从发电机外部进行拆装，称其为外装式；另一种则不能直接从发电机外部进行拆装，称其为内装式，内装式若需要更换电刷，则必须将发电机拆开。

按电刷引线的搭铁接法不同，交流发电机又可分为内搭铁式和外搭铁式。内搭铁式的交流发电机，其励磁绕组的两端通过电刷分别引至发电机后端盖上的接线柱，分别称为"F"（或"磁场"）接线柱和"E"（或"搭铁"）接线柱，即励磁绕组的一段在发电机的外壳上直接搭铁。外搭铁式交流发电机，其励磁绕组的两端引至后端盖上的接线柱分别称为"F1"接线柱和"F2"接线柱，两个接线柱均与发电机的后端盖绝缘，且励磁绕组需要经调节器搭铁。

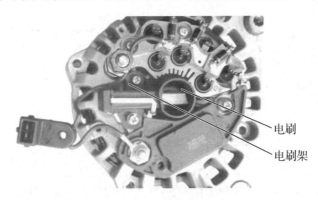

图 3-4　电刷与电刷架

（4）前/后端盖。

前/后端盖用铝合金制成，铝合金为非导磁材料，可减少漏磁并具有轻便、散热性能良好等优点。端盖包括驱动端盖、整流端盖及安装在其上的轴承、轴承盖等零部件。后端盖装有电刷架，两个电刷借弹簧压力与滑环保持接触。

发电机前端装有带轮，由发动机通过皮带带动。在带轮后面装有风扇，靠风扇的离心作用给发电机强制通风。前/后端盖用 3～4 个螺栓与定子紧固在一起。

（5）风扇。

风扇安装在前端盖外侧的转轴上，在发电机工作时，随着发电机转轴一同运转，对发电机进行冷却。

（6）整流器。

交流发电机整流器的作用是将定子绕组产生的三相交流电转换成直流电输出。交流发电机整流器大多由 6 个硅二极管组成，如图 3-5 所示。外壳为负极、中心引线为正极的硅二极管，称为正极管，管壳底上有红色标记；外壳为正极、中心引线为负极的硅二极管，称为负极管，管壳底上有黑色标记。

整流器
硅二极管
散热板

图 3-5　交流发电机整流器实物

安装硅二极管的散热板称为整流板，通常用合金制成，便于散热。现代汽车上用交流发电机都有两块整流板，一块是正整流板（装在外侧），安装 3 个正极管；另一块是负整流板（装在内侧），安装 3 个负极管。

两者绝缘地安装在一起，并用尼龙或其他绝缘材料制成的垫片隔开固定在后端盖上。

（7）国产交流发电机的型号。

根据中华人民共和国汽车行业标准 QC/T 73—93《汽车电气设备产品型号编号方法》的规定，汽车交流发电机的型号表示方法如下。

□□□ □ □ □□ □
1　　　2　3　4　5

第 1 部分为产品代号。交流发电机的产品代号有 JF、JFZ、JFB 及 JFW 4 种，分别表示交流发电机、整体式交流发电机、带泵交流发电机和无刷交流发电机。

第 2 部分为电压等级代号。用 1 位阿拉伯数字表示，1 表示 12V 系统；2 表示 24V 系统；6 表示 6V 系统。

第 3 部分为电流等级代号。用 1 位阿拉伯数字表示，其含义如表 3-1 所示。

表 3-1　电流等级代号含义

电流等级代号	1	2	3	4	5	6	7	8	9
电流/A	0～19	20～29	30～39	40～49	50～59	60～69	70～79	80～89	≥90

第 4 部分为设计序号。按产品的先后顺序，用 1 或 2 位阿拉伯数字表示。

第 5 部分为变型代号。交流发电机以调整臂的位置作为变型代号。从驱动端来看，在中间时不加标记，在右边时用 Y 表示；在左边时用 Z 表示。

例如：桑塔纳轿车所使用的 JFZ1913Z 型交流发电机，其含义是电压等级为 12V、输出电流大于或等于 90A、第 13 次设计、调整臂位于左边的整体式交流发电机。

2. 交流发电机的工作原理

（1）交流电动势的产生。

交流发电机的工作原理如图 3-6 所示。

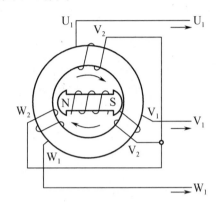

图 3-6　交流发电机的工作原理

交流发电机是利用电磁感应原理产生交流电的，交流发电机定子的三相绕组按一定规律嵌套在发电机的定子槽内，彼此互差 120° 电角度。当转子磁场绕组接通直流电源时，转子的爪极被磁化为 N 极和 S 极。其磁力线由 N 极出发，穿过转子与定子之间很小的气隙进入定子铁芯，最后通过气隙回到 S 极。

当转子旋转时，由于定子绕组与磁力线有相对的切割运动，而且三相定子绕组在空间分布上互差 120°，所以在三相定子绕组中产生频率相同、幅值相等、相位相差 120° 的正弦电动势 e_A、e_B、e_C，如图 3-7 所示。

三相定子绕组所产生的电动势可用下列方程式表示：

$$e_A = E_m \sin \omega t = \sqrt{2} E_\Phi \sin \omega t$$
$$e_B = E_m \sin(\omega t - 120°) = \sqrt{2} E_\Phi \sin(\omega t - 120°)$$
$$e_C = E_m \sin(\omega t + 120°) = \sqrt{2} E_\Phi \sin(\omega t + 120°)$$

式中，E_m 表示相电动势的最大值；E_Φ 表示相电动势的有效值；ω 表示电角速度，$\omega = 2\pi f = 2\pi/T$。

发电机每相绕组所产生的电动势的有效值（单位：V）为

$$E_\Phi = 4.44 K f N \Phi$$

式中，K 表示定子绕组系数，一般小于 1；f 表示感应电动势的频率，单位为 Hz；$f = Pn/60$（P 为磁极对数，n 为转速）；N 表示每相绕组的匝数；Φ 表示磁极的磁通，单位为 Wb。

上式表明，使用中的交流发电机，其交变电动势的有效值取决于转速和转子的磁通量，这一性质将直接决定着交流发电机的输出电压值。

（2）整流原理。

将交流发电机产生的交流电转变成直流电称为整流。常见的整流电路有 6 管交流发电机的整流电路和 9 管交流发电机的整流电路。

6 管交流发电机的整流电路实际上是一个由 6 个硅整流二极管组成的三相桥式整流电路，如图 3-7 所示。VD_2、VD_4、VD_6 的负极分别与发电机三相绕组的始端相连，它们的正极连接在一起，组成共阳极组接法，该 3 个硅整流二极管的导通原则是在某一瞬间负极电位最低的硅整流二极管导通。VD_1、VD_3、VD_5 的正极分别与发电机三相绕组的始端相连，它们的负极连接在一起，组成共阴极组接法，该 3 个硅整流二极管的导通原则是在某一瞬间正极电位最高的硅整流二极管导通。每个时刻有 2 个硅整流二极管同时导通，其中一个硅整流二极管在共阴极组，另一个硅整流二极管在共阳极组，同时导通的 2 个硅整流二极管总是将发电机的电压加在负荷两端。

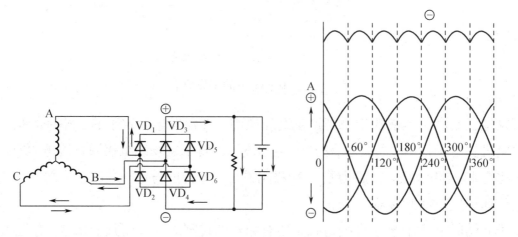

图 3-7　三相桥式整流电路

当 $t=0$ 时，C 相电位最高，而 B 相电位最低，所对应的硅整流二极管 VD_5、VD_4 均处于正向导通状态。由于硅整流二极管的内阻很小，所以此时发电机的输出电压等于 B、C 相绕组之间的线电压。

在 $t_1 \sim t_2$ 时间内，A 相电位最高，而 B 相电位最低，故对应的硅整流二极管 VD_1、VD_4 均处于正向导通状态。同理，交流发电机的输出电压可视为 A、B 相绕组之间的线电压。

在 $t_2 \sim t_3$ 时间内，A 相电位最高，而 C 相电位最低，故对应的硅整流二极管 VD_1、VD_6 均处于正向导通状态。同理，交流发电机的输出电压可视为 A、C 相绕组之间的线电压。

以此类推，周而复始，在负载上便可获得一个比较平稳的直流脉动电压。

（3）励磁方式。

汽车用交流发电机的励磁方式是由他励方式到自励发电的一个过程。由于车用交流发电机转子的剩磁较弱，不能利用磁极的剩磁自励发电，所以需要外接直流电源。交流发电机只有在较高转速时，才能自励发电。交流发电机在低速运转时，采用他励方式，即由蓄电池提供励磁电流，增强磁场，发电机发电，满足汽车上用电的要求。发电机的发电电压随发动机转速升高而上升。当发电机输出电压高于蓄电池电压，一般发电机的转速达到 1000r/min 左右时，励磁电流便由发电机自身供给，此时的励磁方式称为自励。

二、任务实施

1. 拆装检测交流发电机

	Step1：检查交流发电机外观。 操作结果：_____
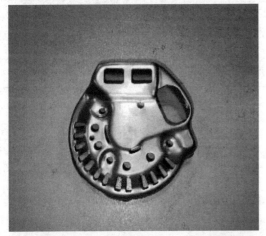	Step2：拆下交流发电机后端盖罩。 操作结果：_____
	Step3：拆下交流发电机电压调节器。 操作结果：_____

续表

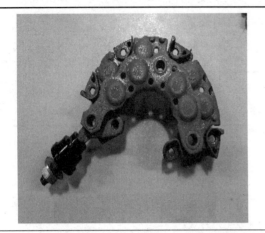

Step4：拆下交流发电机整流器。

操作结果：＿＿＿＿＿＿＿＿＿＿

Step5：拆下交流发电机电刷架。

操作结果：＿＿＿＿＿＿＿＿＿＿

2．对交流发电机进行检测

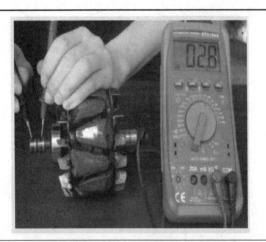

Step1：检测转子轴滑环之间电阻。

技术要求：用万用表 R×1 挡检测两滑环之间电阻，若阻值为"∞"，则说明断路；若阻值趋于"0"，则说明短路。如左图所示为正常。

操作结果：＿＿＿＿＿＿＿＿＿＿

Step2：检测转子轴滑环与爪极之间电阻。
技术要求：应为无穷大。

操作结果：＿＿＿＿＿＿＿＿＿＿

续表

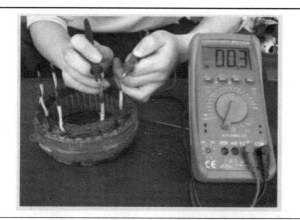	Step3：定子绕组检查。 技术要求：用万用表 R×1 挡检测定子绕组三个接线端，两两相测，阻值应小于 1Ω，若阻值为"∞"，则说明断路。 操作结果：_____
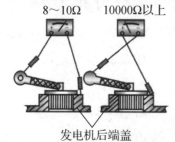  发电机后端盖	Step4：整流器检测。 技术要求：将万用表的正、负极分别接二极管的引出极，测其电阻。 操作结果：_____
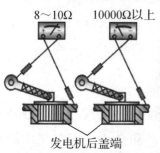  发电机后盖端	Step5：整流器检测。 技术要求：对换表笔，再测其电阻。 操作结果：_____

学习任务二　交流发电机电压调节器的检查与测量

情景描述

车主高先生的汽车交流发电机电压调节器损坏，发电机输出电压大幅波动，造成用电设备不能正常工作甚至损坏。为了正确地使用、维护与检修电压调节器，作为汽车维修技师必须全面认识电压调节器，熟悉电压调节器的结构、工作原理与检修方法。

一、知识链接

引导问题 1.什么是电压调节器？

交流发电机端电压受转速和负载变化的影响较大，因此必须配用电压调节器来控制电压。电压调节器的功用：在发动机转速和发电机上的负载发生变化时自动控制发电机的输出电压，使其保持恒定，防止因发电机的电压过高而造成用电设备损坏和蓄电池过充电，同时防止发电机电压过低而导致用电设备不能正常工作和蓄电池充电不足。

1. 电压调节原理

根据电磁感应原理，发电机的感应电动势为 $E_\Phi = C_1 n \Phi$，其中 C_1 为发电机的结构常数，因此，交流发电机端电压的高低取决于转子的转速 n 和磁极磁通 Φ。要保持电压恒定，在转速 n 升高时，应相应减弱磁通 Φ，这可以通过减小磁通励磁电流来实现；在转速 n 降低时，应相应增强磁通 Φ，这可以通过增大励磁电流来实现。

2. 电压调节器的类型

交流发电机电压调节器按工作原理可分为触点式电压调节器和电子式电压调节器两大类。触点式电压调节器又可分为单级触点式电压调节器和双级触点式电压调节器；电子式电压调节器又可分为晶体管式电压调节器和集成电路式电压调节器。其基本原理都是通过改变励磁电流的大小来控制电压的。

触点式电压调节器结构复杂、质量重、体积大、触点易烧蚀、寿命短，以及对无线电干扰大，虽然采取了一些措施，但仍具有一定的机械惯性和磁惯性，触点开闭动作迟缓，可靠性不高，目前已被淘汰。

引导问题 2. 电压调节器的工作原理是什么？

1. 电子式电压调节器

电子式电压调节器是利用三极管的开关特性制成的，即将三极管作为一只开关串联在发电机的磁场电路中，根据发电机输出电压的高低，控制三极管的导通和截止，调节发电机的磁场电流使发电机输出电压稳定在某一规定的范围之内。

电子式电压调节器有内搭铁式和外搭铁式之分，分别与内搭铁式交流发电机或外搭铁式交流发电机匹配使用。

图 3-8 所示为内搭铁式电子调节器的基本电路。通常由功率开关三极管、信号放大和控制电路，以及电压信号检测电路三部分组成。

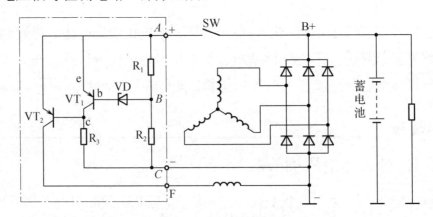

图 3-8　内搭铁式电子调节器的基本电路

　　当合上点火开关 SW 后，蓄电池电压便加在 A、C 两端，R_1 上的分压 U_{AB} 通过稳压管 VD 加到三极管 VT_1 的发射结上，由于蓄电池电压低于发电机的规定电压值，故此时加到稳压管 VD 上的电压值小于其反向击穿电压 U_{VD}，稳压管 VD 截止，VT_1 截止，VT_2 则由 R_2、R_3 提供偏置电流而处于饱和导通状态，蓄电池便经 VT_2 给磁场绕组提供磁场电流。当发电机电压超过规定值时，VD 导通，VT_1 导通，使 VT_2 的发射结被短路，因而 VT_2 截止，从而切断了磁场电路，使得发电机电压迅速下降。如此反复，发电机的电压便被稳定于规定值。

　　2. 集成电路电压调节器

　　集成电路电压调节器除具有电压调节功能外，还具有充电指示控制、发电机故障检测和指示等多种功能。集成电路电压调节器电路如图 3-9 所示。集成电路电压调节器内有一单片集成电路，它的"IG"端经点火开关 SW 接至蓄电池，用于检测蓄电池和发动机电压，从而控制三极管 VT_2 的导通与截止（控制磁场电路的通断）。它的"P"端接至发电机定子绕组某一相上，单片集成电路从"P"端检测到硅整流发电机的电压，从而控制三极管 VT_1 的导通与截止。

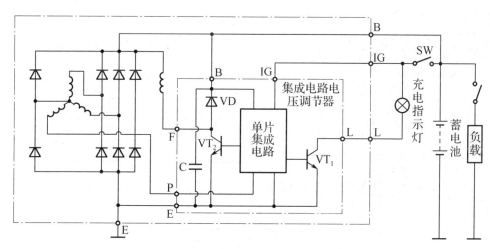

图 3-9　集成电路电压调节器电路

引导问题 3. 怎样检测电压调节器？

　　1. 电子式电压调节器性能及故障检测

　　在判定调节器的类别后，应进一步检测调节器的好坏及调节电压。电子式电压调节器检测方法步骤如下。

　　用一个电压可调的直流稳压电源（0～30V，3A）和一只 12V（或 24V）、20W 的车用小灯泡代替发电机磁场绕组，按如图 3-10 所示方法接线后进行试验。调节直流稳压电源，当其输出电压从零逐渐增高时，灯泡应逐渐变亮。当电压升高到调节器的调节电压（14±0.2V 或 28±0.5V）时，灯泡应忽然熄灭。电压超过调节器的调节电压时，灯泡仍不熄灭或一直不亮，都说明调节器有故障。

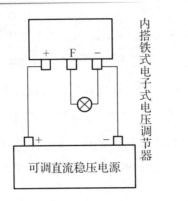
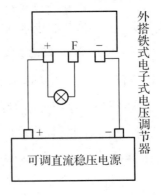

图 3-10　电子式电压调节器检测接线图

2. 集成电路电压调节器性能及故障检测

集成电路电压调节器检测方法步骤如下：首先拆下整体式发电机上的所有连接导线，在蓄电池和硅整流发电机"L"接线柱之间串联一只 5A 电流表（可用 12V 20W 或 24V 25W 车用灯泡代替），再将可调直流稳压电源的"+"端接硅整流发电机的"S"接头，"−"端与硅整流发电机外壳或"E"相接，如图 3-11 所示。调节直流稳压电源，使电压缓慢升高，直至电流表读数为零或测试灯泡熄灭，该电压值就是调节器的调节电压值。如果该值符合规定，则说明调节器正常。否则，说明调节器有故障，应予以更换。

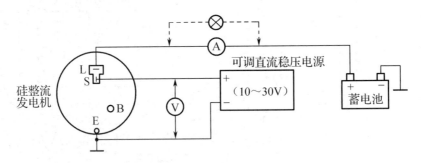

图 3-11　集成电路电压调节器检测接线图

二、任务实施

拆装检测电压调节器如下。

	Step1：检查电压调节器外观。 操作结果：_____

续表

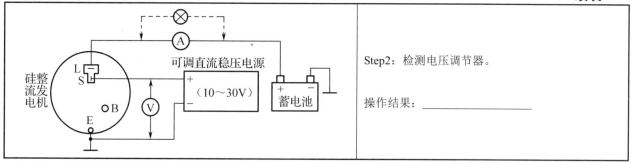	Step2：检测电压调节器。 操作结果：_____

学习任务三 电源系统常见故障的诊断

情景描述

车主李先生来到某汽车 4S 店反映，发动机正常运转后，仪表板上的充电指示灯一直亮，这说明电源系统有故障。为了正确地检修汽车电源系统，作为维修技师必须全面掌握电源系统常见的故障现象和检修方法。

一、知识链接

电源系统的常见故障有不充电、充电电流过小和充电电流过大等。下面以外装调节器的电源系统的故障诊断为例予以说明。

引导问题 1. 电源系统不充电怎么办？

1. 故障原因

（1）发电机故障。

① 整流二极管损坏。

② 滑环脏污，电刷架变形使电刷卡住，电刷磨损过甚，引起磁场电路不通。

③ 发电机磁场绕组或定子三相绕组有断路、短路或搭铁处。

（2）调节器故障。

① 调节器调节电压过低。

② 调节器损坏，如大功率管断路。

（3）其他故障。

① 发电机连线断路。

② 发电机驱动皮带打滑。

③ 电流表损坏或充电指示灯出现故障。

④ 带有磁场继电器的电源系统可能存在继电器线圈或电阻烧断、触点接触不良等问题。

2. 故障诊断与排除

不充电故障的诊断与排除流程图如图 3-12 所示。

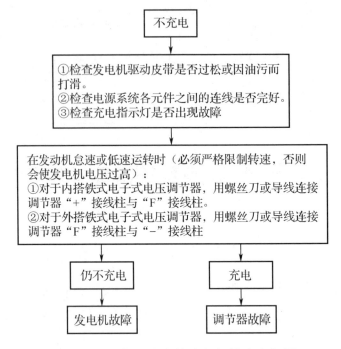

图 3-12　不充电故障的诊断与排除流程图

引导问题 2. 充电电流过小怎么办？

1. 故障现象

若将发动机转速由低速逐渐升高至中速（1500r/min），打开前照灯，其灯光暗淡；按下喇叭，其音量小，充电指示灯被点亮，则说明充电电流过小。

2. 故障原因

（1）发电机故障。

① 个别整流二极管损坏。

② 定子三相绕组局部短路或有一相接头断开。

③ 抑制干扰的电容短路。

④ 磁场绕组局部短路等。

（2）调节器故障。

调节器电压过低。

（3）其他故障。

① 发电机风扇皮带过松、打滑。

② 线路接触不良，接触电阻过大。

3. 故障诊断与排除

充电电流过小的故障诊断与排除流程图如图 3-13 所示。

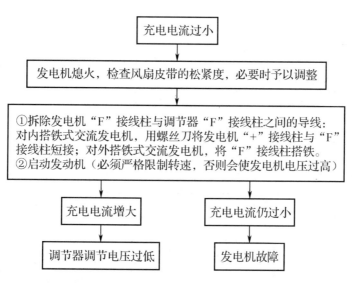

图 3-13   充电电流过小的故障诊断与排除流程图

引导问题 3. 充电电流过大怎么办?

当电源系统在发动机正常运转时,蓄电池电压达到额定充电电压,但充电电流仍然在 10A 以上。充电电流过大一般是由调节器失调导致的,应检查调节器或其连线是否短路,发动机与调节器是否匹配。

若将点火开关打到"ON"处,充电指示灯被点亮,启动发动机运转到 600~800r/min,充电指示灯熄灭,则说明充电指示灯电路正常。若将点火开关打到"ON"处,充电指示灯不亮,则说明充电指示灯电路存在故障。

首先,检测充电指示灯灯泡是否良好。若充电指示灯灯泡正常,则继续检测充电指示灯电路。由图 3-9 可知,VT$_1$ 导通时,充电指示灯被点亮,充电指示灯电路为蓄电池正极→点火开关 SW→充电指示灯→VT$_1$→搭铁→蓄电池负极。对此电路中的隔断连接线进行检测,检查隔断连接线有无断路。

二、任务实施

1. 电源系统不充电

故障原因	故障点	故障排除
发电机故障	整流二极管损坏	
	滑环脏污,电刷架变形使电刷卡住,电刷磨损过甚,引起磁场电路不通	
	发电机磁场绕组或定子三相绕组有断路、短路或搭铁处	
调节器故障	调节器调节电压过低	
	调节器损坏,很可能是大功率管断路或其他元件故障	

续表

故障原因	故障点	故障排除
其他故障	发电机连线断路、驱动皮带打滑	、
	电流表损坏或充电指示灯出现故障	
	带有磁场继电器的电源系统可能存在继电器线圈或电阻烧断、触点接触不良等问题	

2. 充电电流过小故障

故障原因	故障点	故障排除
发电机故障	个别整流二极管损坏	
	定子三相绕组局部短路或有一相接头断开	
	抑制干扰的电容短路	
	磁场绕组局部短路	
调节器故障	调节器电压过低	
其他故障	发电机风扇皮带过松、打滑	
	线路接触不良，接触电阻过大	

三、项目考题与配分评分表

1. 电源系统检查保养模拟考题

姓名		学号		班级	
考试开始时间		考试结束时间		总计（分）	
自评：□合格□不合格		组长评：□合格□不合格		教师评：□合格□不合格	教师签字：
考核项目：电源系统检查保养实操考核报告					

一、车辆信息记录

品牌		整车型号		生产日期	
发动机型号		发动机排量		行驶里程	
车辆识别码					

二、交流发电机检查保养

序号	检查项目	检测数据	检测结果
1	集电环之间电阻		正常□异常□
2	集电环与转子轴之间电阻		正常□异常□
3	集电环的检查		正常□异常□
4	定子绕组断路检查		正常□异常□
5	定子绕组搭铁检查		正常□异常□
6	整流器检查		正常□异常□
7	电刷组件检查		正常□异常□

三、核对交流发电机信息

序号	核对项目	实车信息	制造商信息
1	发电机类型		

续表

序号	核对项目	实车信息	制造商信息
2	整流器类型		
3	电刷搭铁方式		
4	电压调节器类型		
5	电压调节器搭铁方式		
分析	发电机是否符合制造商要求：是□否□		

四、检查交流发电机工作状况

序号	项目	标准状况	实际状况
1	仪表充电指示灯		
2	发电机发电电压		

2. 交流发电机检查保养配分评分表

评分项	得分条件	评分标准	配分
情意面 （作业安全） （职业操守）	1. 能进行工位 9S 操作（总分 4 分） 　□1.1 整理、整顿（1 分） 　□1.2 清扫、清洁（1 分） 　□1.3 节约、安全（1 分） 　□1.4 服务、满意、素养（1 分） 2. 能进行设备和工具安全检查（总分 5 分） 　□2.1 检查作业所需要的工具设备是否完备，有无损坏（1.5 分） 　□2.2 检查作业环境是否配备灭火器（1.5 分） 　□2.3 检查检测设备的电量是否充足（2 分） 3. 能进行车辆安全防护操作（总分 3 分） 　□3.1 正确安装车辆绝缘翼子板布和格栅垫（1 分） 　□3.2 正确安装车内四件套（1 分） 　□3.3 正确安装后车轮挡块（1 分） 4. 能进行工具量具清洁校准存放操作（总分 3 分） 　□4.1 使用工具前对工具量具进行校准（1 分） 　□4.2 使用工具后对工具量具进行清洁（1 分） 　□4.3 作业完成后对工具量具进行复位（1 分） 5. 能进行三不落地操作（总分 5 分） 　□5.1 作业过程中做到工具不落地（1 分） 　□5.2 作业过程中做到零件不落地（2 分） 　□5.3 作业过程中做到设备不落地（2 分）	依据得分条件进行评分，按要求完成的在□中打√，未按要求完成的在□中打×并扣除对应分数，扣分不得超过 20 分	20 分
技能面 （应用技能） （操作技能）	1. 能正确对发电机进行检查和保养（总分 20 分） 　□1.1 能正确检查发电机集电环之间电阻（3 分） 　□1.2 能正确检查集电环与铁芯之间电阻（4 分） 　□1.3 能正确检查集电环外观（3 分） 　□1.4 能正确检查定子绕组（3 分） 　□1.5 能正确检查电刷组件及调节器（3 分） 　□1.6 多功能万用表所选择量程是否符合规格（2 分） 　□1.7 多功能万用表所选择挡位是否符合要求（2 分）	依据得分条件进行评分，按要求完成的在□中打√，未按要求完成的在□中打×并扣除对应分数，扣分不得超过 40 分	40 分

续表

评分项	得分条件	评分标准	配分
技能面 （应用技能） （操作技能）	2. 能正确拆装交流发电机（总分20分） □2.1 拆卸分解发电机（6分） □2.2 发电机解体后的检查（6分） □2.3 电压调节器的检测（4分） □2.4 发电机故障排除（4分）	依据得分条件进行评分，按要求完成的在□中打√，未按要求完成的在□中打×并扣除对应分数，扣分不得超过40分	40分
作业面 （保养作业） （拆装作业） （维修作业）	1. 能正确查询且核对发电机的信息（总分25分） □1.1 能正确查询并核对发电机类型（5分） □1.2 能正确查询并核对发电机整流器类型（5分） □1.3 能正确查询并核对电刷搭铁方式（5分） □1.4 能正确查询并核对调节器类型（5分） □1.5 能正确查询并核对发电机标准值（5分） 2. 能正确检查发电机工作状况（总分15分） □2.1 能正确判断发电机是否正常工作（5分） □2.2 能正确拆装并检测发电机（5分） □2.3 能正确判断发电机是否故障（5分）	依据得分条件进行评分，按要求完成的在□中打√，未按要求完成的在□中打×并扣除对应分数，扣分不得超过40分	40分

课后习题

一、填空题

1．三相同步交流发电机主要由_____、_____、_____、_____、_____、_____及_____等部件组成。

2．定子的作用是产生_____。它由_____和_____组成。

3．交流发电机的功用是_____。

4．交流发电机转子的作用是_____，它主要由两块爪极、_____、_____及_____等组成。

5．按电刷引线的搭铁接法不同，交流发电机又可分为_____和_____。

二、判断题

1．三相同步交流发电机的作用是将交流电变为直流电。 （   ）

2．散热板上压装的3个硅二极管是负极管子。 （   ）

3．发电机全部是负极搭铁。 （   ）

4．发电机的碳刷可以用来导电。 （   ）

5．汽车刚启动时，交流发电机是他励，随后一直是自励的。 （   ）

6. 发电机的碳刷可以导电。 （　　　）

7. 整流器是利用二极管的单向导电性，将交流电转换成直流电的。 （　　　）

8. 电压调节器调节的是发电机励磁电流的大小，从而调节输出电压的大小。 （　　　）

三、选择题

1. 发电机中励磁绕组的功用是（　　　）。

    A. 产生交流电　　　B. 产生直流电　　　　C. 产生感应电动势

2. 交流发电机产生磁场的装置是（　　　）。

    A. 定子　　　　　　B. 转子　　　　　　　C. 整流器

3. 定子槽内置有三相绕组，三相绕组的接法有三角形和（　　　）两种。

    A. 星形　　　　　　B. 三角形　　　　　　C. 菱形

四、简答题

1. 写出汽车交流发电机转子的组成部分。

2. 写出 JFZ193Z 型交流发电机型号的含义。

3. 交流发电机整流器的作用是什么？

项目四

起动系统的结构与检修

 项目概述

起动机在使用过程中一般会出现起动机不工作、起动机运转无力、起动机空转等故障。为了合理使用起动机,延长其使用寿命,必须了解起动机的结构与工作原理,熟悉其正确的维护与检修方法,并掌握常见故障的诊断方法。

 项目目标

知识目标

1. 了解常规起动机的工作原理。
2. 熟悉起动机的结构和型号。

技能目标

1. 能正确检查与维护起动机。
2. 能够检修起动机的常见故障。

素养目标

1. 提升学生安全意识和创新意识。
2. 培养学生自我学习的能力。
3. 培养学生爱岗敬业的精神。

学习任务一　起动机的认识

情景描述

车主左先生呼叫汽车 4S 店的救援电话请求救援，他的汽车在启动时无任何反应，而收音机及其他用电设备均工作正常。那么，这一故障具体是什么原因导致的呢？为了正确解决汽车启动故障，作为汽车维修技师必须全面认识起动机的结构及工作原理。

一、知识链接

引导问题 1. 起动机的结构组成和型号是什么？

要使发动机由静止状态过渡到工作状态，必须用外力转动发动机的曲轴，使气缸内吸入（或形成）可燃混合气并燃烧膨胀，工作循环才能自动进行。从曲轴在外力作用下开始转动，到发动机开始自动地怠速运转的全过程，称为发动机的启动。

启动发动机常用的方法有手摇启动和电力启动两种。

手摇启动只需将启动手柄端头的横销嵌入发动机曲轴前端的启动爪内，以人力转动曲轴。此方法操作不便，加重了驾驶员的劳动强度。目前，手摇启动只作为汽车的后备启动手段。

电力启动通常是用电动机作为机械动力来实现设备运转。当电动机轴上的齿轮与发动机的飞轮齿圈啮合时，动力就传到飞轮和曲轴，使之旋转。电动机本身又以蓄电池作为工作能源，目前汽车普遍采用电力启动。

1. 起动机的结构组成

常规起动机一般由直流串励式电动机、传动机构、控制装置三个部分组成，如图 4-1（a）所示，其主要组成部件如图 4-1（b）所示。

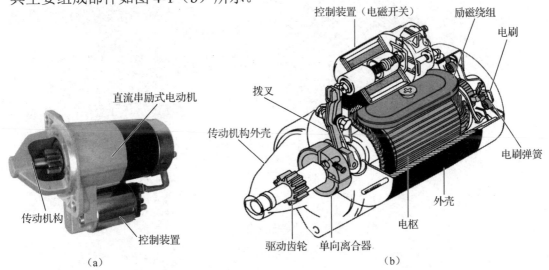

图 4-1　起动机的结构组成

（1）直流串励式电动机。

① 功用：将蓄电池输入的电能转换为机械能，产生电磁转矩。

② 结构：由电枢（转子）、磁极（定子）、换向器和电刷与电刷架等主要部件构成。

a．电枢。

直流串励式电动机的转动部分称为电枢，又称转子。电枢由外圆带槽的硅钢片叠成的铁芯、电枢绕组、电枢轴和换向器等组成，如图 4-2 所示。

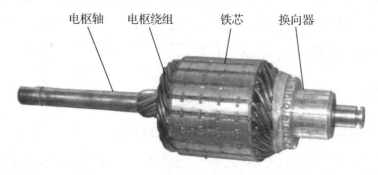

电枢轴　电枢绕组　铁芯　换向器

图 4-2　直流串励式电动机的电枢结构

b．磁极。

磁极由固定在机壳内的磁极铁芯和励磁绕组组成。磁极一般是 4 个（每个磁极包含 1 个励磁绕组），两对磁极相对交错地安装在电动机的壳体内，定子与转子铁芯形成的磁通回路和低碳钢板制成的机壳也是磁路的一部分。

4 个励磁绕组的连接方式有两种，一种是相互串联后再与电枢绕组串联（称为串联式），另一种是两串联两并联后再与电枢绕组串联（称为混联式），如图 4-3 所示。

当启动电动机时，电流从蓄电池正极流出，经绝缘接线柱、励磁绕组、绝缘电刷、换向器、搭铁电刷，最后通过搭铁回到蓄电池负极，形成电动机的工作电路。

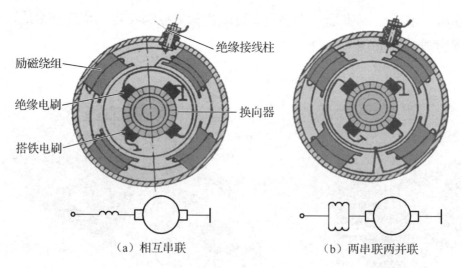

绝缘接线柱

励磁绕组

绝缘电刷

换向器

搭铁电刷

（a）相互串联　　　　　　　　（b）两串联两并联

图 4-3　励磁绕组的连接

c．换向器。

换向器的作用：向旋转的电枢绕组注入电流。

换向器由许多截面呈燕尾形的铜片（换向片）围合而成，如图 4-4 所示。铜片之间由云母片绝缘。云母片应比换向器铜片外表面凹下 0.8mm 左右，以免铜片磨损时，云母片很快凸出。电枢绕组各线圈的端头均焊接在换向器铜片上。

　　d．电刷与电刷架。

　　图 4-5 所示为电刷架总成图，电刷与电刷架的作用是将电流引入电枢，使电枢连续转动。电刷一般用（80%～90%）铜和（10%～20%）石墨压制而成，有利于减小电阻及增加耐磨性。电刷装在电刷架中，借弹簧压力紧压在换向器上。其中，与外壳直接相连构成电路搭铁的称为搭铁电刷；与励磁绕组和电枢绕组相连且与外壳绝缘的称为绝缘电刷。

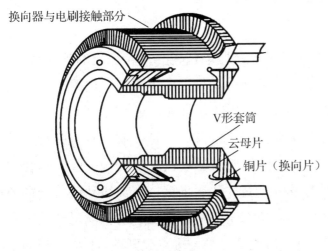

图 4-4　换向器的结构

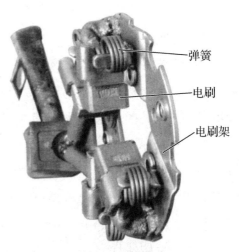

图 4-5　电刷架总成图

　　③ 直流串励式电动机的工作原理。

　　直流串励式电动机是基于载流导体在磁场中受到电磁转矩作用的原理进行工作的。如图 4-6 所示，两片铜片分别与环状线圈的两端连接，电刷一端与两片铜片相接触，另一端分别接蓄电池的正极和负极。在环状线圈中电流的方向交替变化，由左手定则判断可知，环状线圈在电磁转矩作用下按顺时针方向连续转动。这样在电源连续对电动机供电时，其环状线圈就不停地按同一方向转动。

　　（2）传动机构。

　　① 作用：先把直流串励式电动机产生的转矩传递给飞轮齿圈，再通过飞轮齿圈把转矩传递给发动机的曲轴，使发动机启动；启动后，飞轮齿圈与驱动齿轮自动打滑脱离。

　　② 组成：传动机构一般由驱动齿轮、单向离合器、拨叉和啮合弹簧等组成。

　　③ 工作过程：受力分析可参考图 4-6。当起动机电枢旋转时，转矩经套筒带动十字块旋转，滚柱随之滚入楔形槽窄端，将十字块与外壳卡紧，使十字块与外壳之间能传递力矩；发动机启动以后，飞轮齿圈会带动驱动齿轮旋转，当飞轮齿圈的转速超过电枢转速时，滚柱滚入楔形槽宽端打滑，这样发动机的力矩就不会传递至起动机，从而起到保护起动机的作用。

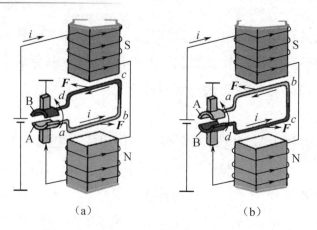

图 4-6　直流串励式电动机的工作原理

（3）控制装置。

控制装置在起动机上称为电磁开关，它的作用是控制驱动齿轮与飞轮齿圈的啮合与分离，并控制电动机电路的接通与切断。在现代汽车上，起动机均采用电磁式控制电路。其控制装置利用电磁开关的电磁力操纵拨叉，使驱动齿轮与飞轮齿圈啮合或分离。

图 4-7 所示为电磁开关结构图。电磁开关主要由吸引线圈、保持线圈、复位弹簧、活动铁芯和接触盘等组成。它的作用是控制电动机电路的通断及驱动齿轮与飞轮齿圈的啮合与分离。其中，吸引线圈与电枢串联，保持线圈与吸引线圈并联后直接搭铁。活动铁芯一端通过接触盘控制主电路的导通；另一端通过拨叉控制驱动齿轮的啮合。在起动机电磁开关上有三个接线柱：主接线柱（接蓄电池的起动电缆线）、起动接线柱（接点火开关 ST 挡或起动继电器）和附加电阻短路接线柱（接点火线圈）。

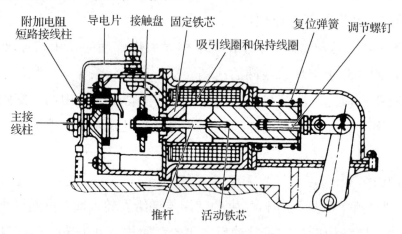

图 4-7　电磁开关结构图

2. 起动机的型号

根据中华人民共和国汽车行业标准 QC/T 73—93《汽车电气设备产品型号编号方法》规定，起动机的规格型号如下。

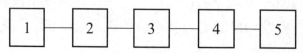

第 1 部分：起动机产品代号。起动机产品代号 QD、QDJ、QDY 分别表示常规起动机、

减速起动机及永磁式起动机。

第 2 部分：电压等级代号。1 表示 12V，2 表示 24V，6 表示 6V。

第 3 部分：功率等级代号，其含义如表 4-1 所示。

第 4 部分：设计序号。

第 5 部分：变形代号。

例如：QD124 表示额定电压为 12V、功率为 1～2kW 经过第四次设计的常规起动机。

表 4-1　功率等级代号

功率等级	1	2	3	4	5	6	7	8	9
功率/kW	～1	1～2	2～3	3～4	4～5	5～6	6～7	7～8	≥8

引导问题 2．起动机系统的电路是怎么实现控制的？

起动机系统控制电路是指除起动机本身电路以外的起动电路。其大体可以分为无起动继电器的控制电路、带起动继电器的控制电路和带组合继电器的控制电路。

1. 无起动继电器的控制电路

工作过程：当点火开关接至启动挡时，电流的流向为蓄电池正极→点火开关启动挡→端子 50→吸引线圈→端子 C→励磁绕组→电枢绕组→搭铁→蓄电池负极；同时，保持线圈中也通过电流，其流向为蓄电池正极→点火开关启动挡→端子 50→保持线圈→搭铁→蓄电池负极（见图 4-8）。

此时，吸引线圈与保持线圈产生的磁场方向相同，在两线圈电磁吸力的作用下，活动铁芯克服复位弹簧的弹力而被吸入。拨叉将驱动齿轮推出使其与飞轮齿圈啮合。

齿轮啮合后，接触盘将端子 C 与端子 30 接通，蓄电池便向励磁绕组和电枢绕组供电，产生正常的转矩，带动起动机转动。与此同时，吸引线圈被短路，齿轮的啮合位置由保持线圈的吸力来保持。

启动结束后，松开点火开关，此时，由于磁滞后与机械的滞后性，活动铁芯不能立即复位，端子 C 与端子 30 仍保持接通状态，电流的流向为蓄电池正极→端子 30→接触片→端子 C→吸引线圈→端子 50→保持线圈→搭铁→蓄电池负极。由于保持线圈与吸引线圈中电流方向相反，两个线圈中的磁场相互抵消，在复位弹簧的作用下，活动铁芯复位，驱动齿轮在拨叉的作用下退出啮合，端子 30 与端子 C 随之断开，起动机停转。起动机完成一次启动过程。

2. 带起动继电器的控制电路

在电磁操纵式起动机的使用中，常通过起动继电器的触点接通或切断起动机电磁开关的电路来控制起动机的工作，以保护点火开关。

带起动继电器的控制电路如图 4-9 所示，当点火开关打到 S 挡时，蓄电池经点火开关给起动继电器中的磁化线圈供电（电流很小），使起动继电器中的常开触点闭合，这样蓄电池电流经主接线柱、起动继电器的触点到起动机电磁开关上的起动接线柱，起动机开始正常工作。

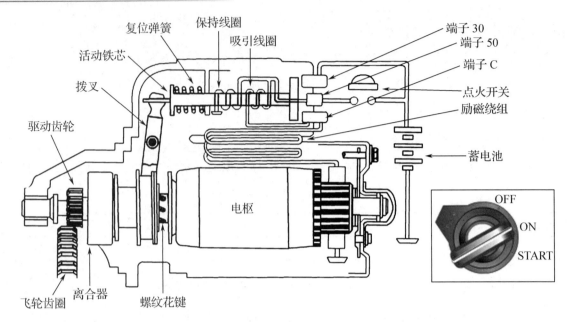

图 4-8　无起动继电器的控制电路

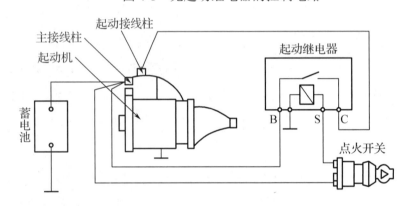

图 4-9　带起动继电器的控制电路

3. 带组合继电器的控制电路

为防止发动机启动以后起动电路再次被接通，一些控制电路中安装了组合继电器，如图 4-10 所示。

带组合继电器的控制电路由起动继电器和保护继电器组合而成。其中，起动继电器由点火开关控制，用来控制起动机电磁开关的电路；保护继电器与起动继电器配合，使起动电路具有自动保护功能，并可以控制充电指示灯。

起动继电器的触点 K_1 常开，触点 K_2 常闭。其工作原理如下。

启动时，点火开关打到 II 挡，带组合继电器控制电路中的起动继电器磁化线圈 L_1 通电，其电路如下。

蓄电池正极→起动机主接线柱→熔断器→电流表→点火开关→S 接线柱→磁化线圈 L_1→触点 K_2→搭铁，如图 4-10 中电流流向箭头所示。

由于磁化线圈 L_1 通电，因此触点 K_1 闭合，接通起动机电磁开关电路，起动机正常工作。

发电机启动后，发电机开始发电，发电机中性点 N 使磁化线圈 L_2 有电流通过，触点 K_2

断开，磁化线圈 L_1 断电，触点 K_1 断开，使起动机电磁开关断电，起动机自动停止工作，同时充电指示灯熄灭。

发电机工作时，由于发电机中性点 N 电压的作用，因此触点 K_2 常开，这时，即使将点火开关误打到 ST 挡，起动机也不会工作，从而防止误操作。

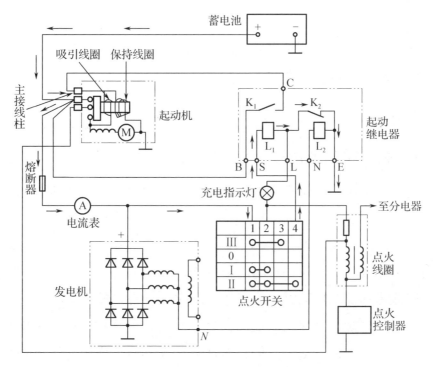

图 4-10　带组合继电器的控制电路

二、任务实施

1. 认识起动机的构造

查阅资料对照实物，将下图序号所示的起动机零部件名称在右表中填写完整。

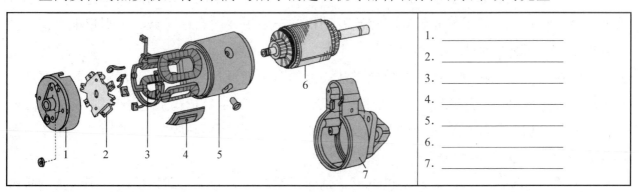

1. ＿＿＿＿＿＿＿
2. ＿＿＿＿＿＿＿
3. ＿＿＿＿＿＿＿
4. ＿＿＿＿＿＿＿
5. ＿＿＿＿＿＿＿
6. ＿＿＿＿＿＿＿
7. ＿＿＿＿＿＿＿

2. 补充完整无起动继电器的控制电路路线

电流的流向为蓄电池正极→点火开关启动挡→＿＿＿＿＿＿＿＿＿＿→吸引线圈→端子 C→＿＿＿＿＿＿＿→电枢绕组→＿＿＿＿＿＿→蓄电池负极；同时，保持线圈中也通过电流，其流向为蓄电池正极→＿＿＿＿＿＿＿＿＿→端子 50→保持线圈→搭铁→蓄电池负极。

学习任务二 起动机的试验与检修

情景描述

通过检查，初步判断左先生的汽车起动机内部故障，需要解体进一步检测。为此，汽车维修技师必须掌握起动机的拆卸、解体及其检测方法。

一、知识链接

引导问题 1. 起动机的使用需要注意什么？

作为汽车上较为重要的一项常用电气部件，起动机需要被正确合理使用，需要注意以下几点。

（1）起动机每次启动时间不得超过 5s，再次启动时应间歇 15s，从而使蓄电池得以恢复。如果连续三次启动未能成功，则应在检查与排除故障的基础上停歇 2min 以后进行。

（2）在冬季或低温情况下启动时，应对蓄电池采取保温措施。

（3）发动机启动后，必须立即切断起动机控制电路，使起动机停止工作。

（4）任何情况下，发动机启动后，严禁再次启动发动机，否则起动机将有损坏的可能。

（5）起动机外部应保持清洁，各连接导线，特别是与蓄电池连接的导线，应保证连接可靠、牢固。在清洁发动机舱时，严禁用水直接冲洗，以免起动机因短路而损坏。

引导问题 2. 如何对起动机进行试验和检修？

1. 注意事项

（1）从车上拆卸起动机前，应先关闭点火开关，将蓄电池的搭铁线拆除，再拆除电磁开关上的蓄电池正极线。尤其是计算机控制发动机的车辆更要注意这一点，否则带电操作会使计算机中的电子元器件损坏。

（2）在安装起动机时，应先连接电磁开关上的蓄电池正极线，再接上蓄电池的正极线、负极线。接蓄电池正、负极线之前要确保点火开关关闭，这是保护车上电子装置的必要措施。

（3）起动机解体和组装时，对于配合较紧的部件，严禁生砸硬敲，应使用拉、压工具进行分离与装入，以防部件损坏。

（4）清洗起动机部件时，起动机电枢、励磁绕组和电磁开关总成只能用拧干汽油的棉纱擦拭，或者用压缩空气吹净，以防液体不干而造成短路或失火。其他部件均可用液体清洗剂清洗。

（5）不同型号起动机的解体与组装顺序有所不同，应按制造商规定的操作顺序进行。

（6）部分组合件无故障时不必彻底解体，如电磁开关、定子铁芯及绕组等。若电磁开关经检测后，需要分解修理，则应用 50W/220V 的电烙铁先将开关端盖上的线圈引线焊开后才能进行分解。

（7）分解时，注意检查换向器前端的绝缘垫圈、中间支承板后面的绝缘垫圈及止推垫圈是否完好。

（8）组装时，各螺栓应按规定转矩旋紧，并检查调整各部分间隙。

（9）部分起动机组装时，接合面应涂密封剂。例如，奥迪 100 轿车用起动机在各接合面按规定应使用 D3 密封剂。

（10）各润滑部位应使用制造商规定的润滑剂润滑。例如，奥迪 100 轿车使用的起动机的减速器与单向离合器均用 MoS_2 润滑脂润滑，挡圈与锁环应使用 MoS_2 润滑脂轻微润滑；更换新衬套时，应在压入之前将衬套在热润滑油中浸泡 5min。

（11）若起动机与发动机之间装有薄金属垫片，则在装配时应按原样装回。

2. 拆卸步骤

以宝骏 510 车型为例，介绍起动机从车上拆卸的步骤。

（1）打开发动机舱盖，拆卸蓄电池连接电缆，先断开蓄电池负极，再断开蓄电池正极。

（2）举升车辆，拆下发动机舱下护板。

（3）从发动机后部拆下起动机固定螺栓，取下起动机。

3. 起动机的检测

起动机的检测分为解体检测和不解体检测两种。解体检测随解体过程一同进行；不解体检测可以在拆解之前或装复后进行。

1）起动机的不解体检测

在进行起动机解体之前，通过不解体检测可以大致找出故障；起动机组装完毕后也应进行性能检测，以保证起动机正常运行。

（1）接触盘表面和触点表面的检修。

轻微烧蚀可用砂纸打磨，严重烧蚀应予以更换。

（2）吸引线圈和保持线圈的检修。

用万用表"R×1"挡测量吸引线圈和保持线圈的阻值，若线圈已短路或有严重短路，则应予以更换。

① 吸引线圈检测如图 4-11 所示，从励磁绕组接线柱上拆下励磁绕组正极端，检查电磁开关与励磁绕组接线柱之间的导通情况。如果不导通，则线圈开路，应予以更换。

② 保持线圈检测如图 4-12 所示，检查电磁开关接线柱与电磁开关壳体之间的导通情况。如果不导通，则线圈开路，应予以更换。

2）起动机的解体检测

为了预防和及时发现起动系统的故障，在使用过程中，起动机发生故障导致起动系统不能正常工作时，应及时对起动机进行拆检，检查零部件的技术状况。主要检修内容包括电刷和轴承的磨损情况、换向器表面质量，以及电枢绕组和磁场绕组有无短路、断路和搭铁故障等。

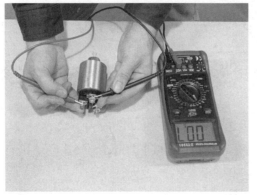

图 4-11　吸引线圈检测　　　　　　　　　图 4-12　保持线圈检测

（1）起动机的解体（见图 4-13）。

① 将起动机外部擦拭干净。

② 拆下电磁开关 1 与电动机的连线。

③ 从后端盖 10 上拆下电磁开关固定螺栓，取下电磁开关。

④ 拆下前端盖 5 外侧轴承盖，取下锁止垫圈 3，调整垫片和密封圈 2。

⑤ 拆下两个穿心螺栓 4，取下起动机前端盖 5。

⑥ 从电刷托板上取下电刷架 6 和电刷。

⑦ 使起动机壳体 7（含磁极）、电刷托板与电枢 15 及后端盖 10 分离。

⑧ 从后端盖 10 上取出拨叉 11、电枢 15 和单向离合器 13。

⑨ 拆下电枢轴前端锁环和止推垫圈 12 后，取下单向离合器 13。

各总成是否需要进一步分解，应视具体情况而定。对所有的绝缘零部件，只能用干净布蘸少量汽油擦拭，其余机械零部件应用汽油或柴油洗刷干净。

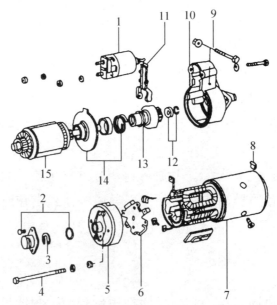

1—电磁开关；2—密封圈；3—锁止垫圈；4—穿心螺栓；5—前端盖；6—电刷架；7—起动机壳体；8—铜片；9—拨叉固定螺栓；10—后端盖；11—拨叉；12—止推垫圈；13—单向离合器；14—起动机前盖；15—电枢

图 4-13　起动机的解体

（2）直流串励式电动机的检测。

① 磁场绕组的检测。磁场绕组的常见故障有接头脱焊，绕组短路、断路或搭铁等。

a. 磁场绕组短路与断路故障的检查如图 4-14 所示。首先观察绕组导线表面是否有烧糊的现象或气味，若有，则说明绕组有短路的可能；然后连接万用表红黑表笔至外接线柱与绝缘电刷之间，选择低电阻挡进行测量，所测结果应为导通，且有较小的阻值。若阻值为零，则说明绕组中有短路；若阻值为无穷大，则说明绕组中有断路。

b. 磁场绕组绝缘性能的检查如图 4-15 所示。用万用表的高电阻挡测量磁场绕组的绝缘性。两测试表笔分别接触机壳接线柱与一个定子电刷（另一个电刷不要碰机壳），若万用表显示导通，则说明该磁场绕组有搭铁故障，其绝缘性能不良；若万用表显示电阻无穷大，则说明该磁场绕组无搭铁故障，其绝缘性能良好。

 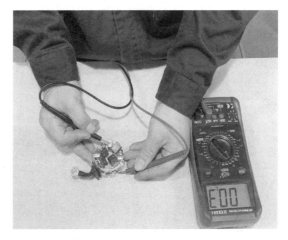

图 4-14　磁场绕组短路与断路故障的检查　　　图 4-15　磁场绕组绝缘性能的检查

② 电枢总成的检测。电枢绕组常见的故障是匝间短路、断路或搭铁，以及绕组接头与换向器铜片脱焊等。

a. 电枢绕组断路故障的检查如图 4-16 所示。使用万用表对电枢绕组断路进行检查：用万用表 "R×1" 挡将两测试表笔分别接触换向器相邻的铜片，测量每相邻两铜片间是否相通，若万用表指针指示 "0"，则说明电枢绕组无断路故障；若万用表指针在某处不摆动，即阻值为无穷大，则说明此处有断路故障，应更换电枢。

b. 电枢绕组匝间短路故障的检查如图 4-17 所示。检查时可在电枢感应仪上进行。将电枢放在电枢感应仪上，接通开关，指示灯被点亮。将钢片放于转子绕组顶部的槽上，慢慢转动转子，使钢片越过所有槽顶。若某槽顶钢片发生电磁振动，则说明该处绕组有匝间短路故障；若无上述现象，则说明该电枢绕组无匝间短路故障。

c. 绕组绝缘性能的检查如图 4-18 所示。用万用表的高电阻挡进行测试。两测试表笔分别接触铜片和电枢轴，若万用表显示导通，则说明该电枢绕组有搭铁故障，其绝缘性能不良；若万用表显示阻值为无穷大，则说明该电枢绕组绝缘性能良好。

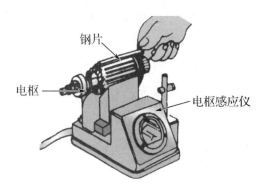

图 4-16　电枢绕组断路故障的检查　　　　图 4-17　电枢绕组匝间短路故障的检查

d. 电枢轴弯曲度检查如图 4-19 所示。使用百分表检查电枢轴的弯曲度，铁芯处摆差不得大于 0.15mm，中间轴颈处摆差不得大于 0.05mm。

e. 换向器的检查。换向器故障多为表面烧蚀、云母片凸出等。对于轻微烧蚀的换向器用 00 号砂纸打磨即可；对于严重烧蚀的换向器应进行加工，但加工后的铜片厚度不得小于 2mm。若测得的厚度小于最小值，则应更换电枢。铜片应洁净无异物。

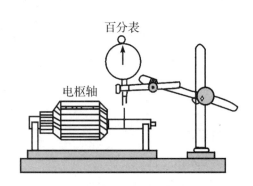

图 4-18　绕组绝缘性能的检查　　　　图 4-19　电枢轴弯曲度检查

③ 电刷、电刷架及电刷弹簧的检查。电刷高度检查如图 4-20 所示，电刷高度应不低于标准高度的 2/3，接触面积应不少于 75%，电刷在电刷架内应无卡滞现象，否则需要进行修磨或更换。电刷架绝缘性能检查如图 4-21 所示，用万用表或试灯可检查电刷架的绝缘性能，正电刷（标记为 "A"）和负电刷（标记为 "B"）之间不应导通，若导通，则应进行电刷架总成的更换。

同时，电刷弹簧的弹力可用弹簧秤检测，不同型号起动机的弹簧张力是不同的，若测得的张力不在规定范围内，则应更换电刷弹簧。

（3）传动机构的检测。

单向离合器的常见故障为驱动齿轮齿长磨损和单向离合器打滑。驱动齿轮齿长磨损不得超过其原尺寸的 1/4，否则应更换。单向离合器打滑的检查方法如图 4-22 所示，用手或工具轻轻转动驱动齿轮，若驱动齿轮只能在一个方向上自由转动，而在另一个方向上被锁止，则说明单向离合器工作正常，否则应更换。

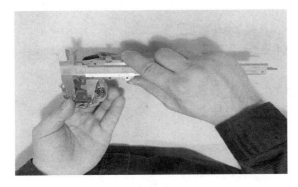

图 4-20　电刷高度检查

图 4-21　电刷架绝缘性能检查

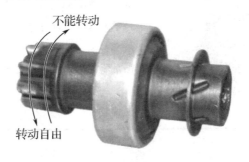

图 4-22　单向离合器打滑的检查方法

3）起动机的装复

按分解的相反顺序装复起动机，具体如下。

① 将单向离合器和拨叉装入后端盖内。

② 装入中间轴承支承板。

③ 将电枢轴插入后端盖内。

④ 装上起动机壳体和前端盖，并用穿心螺栓拧紧固定。

⑤ 装电刷和防尘罩。

⑥ 装起动机电磁开关。

二、任务实施

1. 起动机的不解体检测

	Step1：检查吸引线圈接触盘表面和触点表面是否有烧蚀现象。 操作结果：

续表

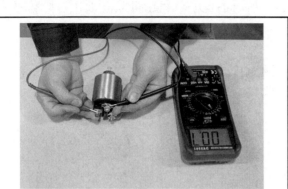

Step2：测量吸引线圈阻值。

技术要求：用万用表"R×1"挡检查。

测量值：_____Ω，是否正常：_____

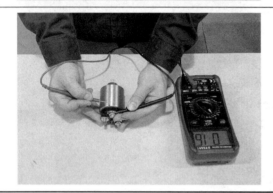

Step3：测量保持线圈阻值。

技术要求：用万用表"R×1"挡检查。

测量值：_____Ω，是否正常：_____

2. 起动机的解体

Step1：拆下电磁开关与电动机的连线。

操作结果：_____

Step2：从后端盖上拆下电磁开关固定螺栓，取下电磁开关。

操作结果：_____

续表

Step3：拆下前端盖外侧轴承盖，取下锁止垫圈，调整垫片和密封圈。

操作结果：＿＿＿＿＿＿＿＿＿

Step4：拆下两个穿心螺栓，取下起动机前端盖。

操作结果：＿＿＿＿＿＿＿＿＿

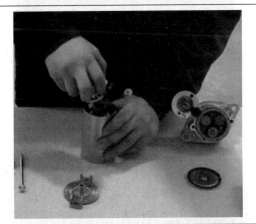

Step5：从电刷托板上取下电刷架和电刷。

操作结果：＿＿＿＿＿＿＿＿＿

Step6：使起动机壳体（含磁极）、电刷托板与电枢及后端盖分离。

操作结果：＿＿＿＿＿＿＿＿＿

续表

Step7：从后端盖上取出拨叉、电枢和单向离合器。

操作结果：_____

3. 起动机的解体检测

Step1：检测磁场绕组。

技术要求：连接万用表红黑表笔至外接线柱与绝缘电刷之间，选择低电阻挡进行测量，所测结果应为导通，且有较小的阻值。若阻值为零，则说明绕组中有短路；若阻值为无穷大，则说明绕组中有断路。

测量值：_____Ω，是否正常：_____

Step2：检测电枢总成。

（1）检查电枢绕组断路。

技术要求：用万用表"R×1"挡将两测试表笔分别接触换向器相邻的铜片，测量每相邻两铜片间是否相通，若万用表指针指示"0"，则说明电枢绕组无断路故障；若万用表指针在某处不摆动，即阻值为无穷大，则说明此处有断路故障，应更换电枢。

测量值：_____Ω，是否正常：_____

（2）检查绕组绝缘性能。

技术要求：将万用表两测试表笔分别接触铜片和电枢轴，若万用表显示导通，则说明该电枢绕组有搭铁故障，其绝缘性能不良；若万用表显示阻值为无穷大，则说明该电枢绕组绝缘性能良好。

测量值：_____Ω，是否正常：_____

续表

	（3）检查换向器。 技术要求：铜片厚度不得小于 2mm；铜片应洁净无异物。 测量值：铜片厚度为____mm，是否正常：_____
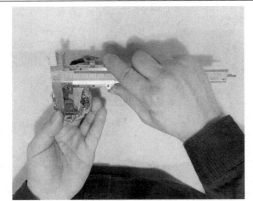	Step3：检查电刷、电刷架及电刷弹簧。 技术要求：电刷高度应不低于标准高度的 2/3，接触面积应不少于 75%，电刷在电刷架内应无卡滞现象，正电刷和负电刷之间不应导通，若导通，则应进行电刷架总成的更换。 测量值：电刷高度为_____mm，是否正常：_____
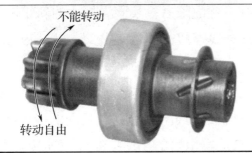　不能转动　转动自由	Step4：检测传动机构。 技术要求：驱动齿轮齿长磨损不得超过其原尺寸的 1/4，否则应更换；单向离合器打滑的检查方法如左图所示

学习任务三　起动系统常见故障的诊断

 情景描述

维修车间有一辆宝骏 510 汽车，客户反馈该汽车无法启动，初步判断是起动系统出现了故障。维修技师需要进一步检测且排除故障。

一、知识链接

对于车辆启动异常，而仪表板上无发动机故障灯点亮的问题，首先要排除是否是客户的使用不当引起的，如自动挡车辆的挡位杆是否挂在 P/N 处，某些手动挡车辆在启动时是否已踩下离合器踏板、汽车防盗状态是否解除等都与起动机的使用有密切关系。在排除这些非故障因素后，起动系统故障一般有以下几种：一是起动机电动机故障；二是起动机电磁开关故障；三是起动系统控制电路故障；四是启动开关及起动继电器故障；五是其他故障。

引导问题 1. 起动机不工作的原因是什么？

1. 故障现象及原因

启动时，起动机不转动，无动作迹象，可能的故障如下。

（1）电源故障。蓄电池严重亏电或极板硫化、短路等，蓄电池极桩与线夹接触不良，起动电路导线连接处松动而接触不良等。

（2）起动机故障。换向器与电刷接触不良，励磁绕组或电枢绕组有断路或短路现象，绝缘电刷搭铁，电磁开关线圈断路、短路、搭铁或其触点烧蚀而接触不良等。

（3）起动继电器故障。起动继电器线圈断路、短路、搭铁或其触点接触不良等。

（4）点火开关故障。点火开关接线松动或内部接触不良。

（5）起动系统线路故障。起动系统线路中有断路、导线接触不良或松脱等。

2. 故障诊断方法

（1）检查电源。按喇叭或开前照灯，如果喇叭声音小或嘶哑，灯光比平时暗淡，则说明电源有问题。使用万用表检查蓄电池电压，电压不应低于 12.4V，若电压正常，则检查起动机控制熔断器是否导通。若熔断器熔断，则检查是否有短路故障后更换同样规格的新熔断器；若熔断器正常，则检查蓄电池极桩与线夹及起动电路导线连接处是否有松动，若某连接处松动，则说明该处接触不良。

（2）检查起动机。如果判断电源无问题，则用螺丝刀短接端子 30 与端子 C。如果起动机不转，则说明电动机内部有故障，应拆检起动机；如果起动机运转正常，则进行后面的步骤检查。

（3）检查电磁开关。用螺丝刀将电磁开关上连接起动继电器的起动接线柱与连接蓄电池的主接线柱短接，若起动机不转，则说明起动机电磁开关有故障，应检查电磁开关的吸引线圈，其阻值应符合规定值；若起动机运转正常，则说明故障在起动继电器或有关线路上。

（4）检查起动继电器。短接起动继电器上的"电池"和"起动机"两接线柱，若起动机转动，则说明起动继电器内部有故障，否则应进一步检查。

（5）检查点火开关及线路。将起动继电器的"电池"与点火开关用导线直接相连，若起动机能正常运转，则说明故障在起动继电器至点火开关的线路中，可对其进行检修。

引导问题 2. 起动机运转无力的原因是什么？

1. 故障现象及原因

启动时，起动机转速明显偏低甚至停转，并发出类似打机枪的"咔嗒"声，可能有以下故障。

（1）电源故障。蓄电池亏电或极板硫化、短路导致蓄电池电压过低等。

（2）起动机故障。换向器与电刷接触不良，电磁开关接触点和触点接触不良，起动机励磁绕组或电枢绕组有局部短路等。

（3）起动继电器故障。起动继电器触点接触不良等。

（4）点火开关故障。点火开关接线松动或内部接触不良。

（5）起动系统线路故障。起动系统线路中有导线接触不良或锈蚀等。

2. 故障诊断方法

（1）检查电源。首先使用万用表或蓄电池检测仪检查蓄电池的电量是否正常；然后检查蓄电池极桩与线夹及起动电路导线连接处是否有松动。若某连接处松动或发热，则说明该处接触不良。

（2）检查起动机。如果判断电源无问题，则用螺丝刀将起动机电磁开关上的端子 30 和端子 C 两接线柱短接；如果起动机运转不良，则说明起动机内部有故障，应拆检起动机；如果起动机空转正常，则进行后面的检查步骤。

（3）检查电磁开关。检查电磁开关的保持线圈，如果保持线圈的阻值正常，则说明故障在起动继电器或有关线路上。

（4）检查起动继电器。将起动继电器上的"电池"和"起动机"两接线柱短接，若起动机转动，则说明起动继电器内部有故障，否则应进一步检查。

（5）检查点火开关及线路。将起动继电器的"电池"与点火开关用导线直接相连，若起动机能正常运转，则说明故障在起动继电器至点火开关的线路中，可对其进行检修。

引导问题 3. 起动机空转的原因有什么？

1. 故障现象及原因

接通点火开关，起动机运转正常，发动机不转，发动机舱中有"嗡嗡"声，可能有以下故障。

（1）起动机单向啮合器打滑。

（2）飞轮轮齿严重磨损或损坏。

（3）电磁开关控制的起动机，其电磁开关活动铁芯行程太短。

（4）拨叉与铁芯连接处脱开，或者拨叉安装在单向离合器拨叉套外面。

2. 故障诊断与排除

（1）起动机空转时，有较轻的摩擦声，起动机驱动齿轮不能与飞轮轮齿啮合而产生空转，即驱动齿轮还没有啮合到飞轮轮齿中，电磁开关就提前接通，这说明主电路的接触盘行程过短，此时应拆下起动机，进行起动机接通时刻的调整。

（2）起动机空转时，有严重的碰撞轮齿的声音，说明飞轮轮齿或起动机驱动齿轮严重磨损，此时应拆下起动机进一步检查，根据实际情况更换驱动齿轮或飞轮。

（3）起动机空转时，转速较快但无碰齿声音，说明起动机单向离合器打滑，即驱动齿轮已经啮入飞轮轮齿中，但不能带动飞轮旋转，致使起动机电枢轴空转，此时应更换单向离合器。

引导问题 4. 起动系统故障诊断流程是什么？

起动系统故障诊断流程图如图 4-23 所示。

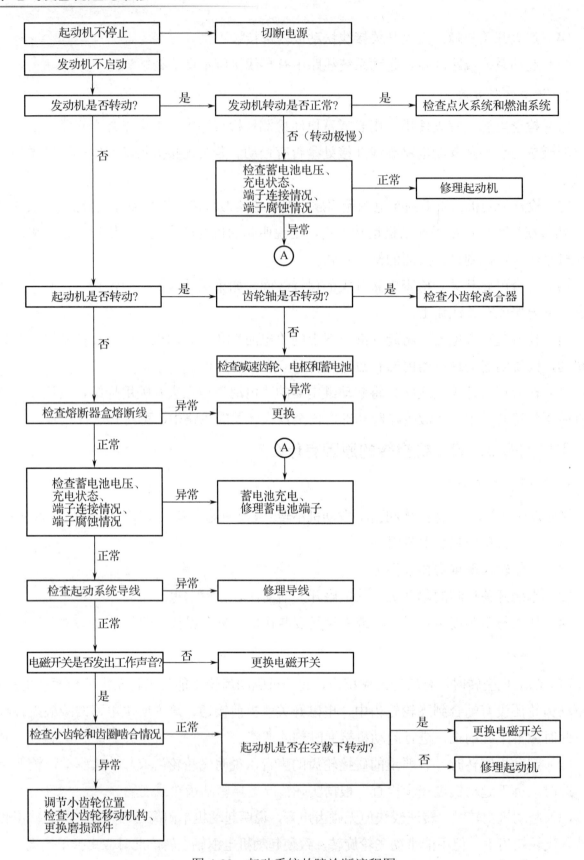

图 4-23　起动系统故障诊断流程图

二、任务实施

根据以下电路图，完成宝骏 510 汽车起动机不转的故障检修任务。

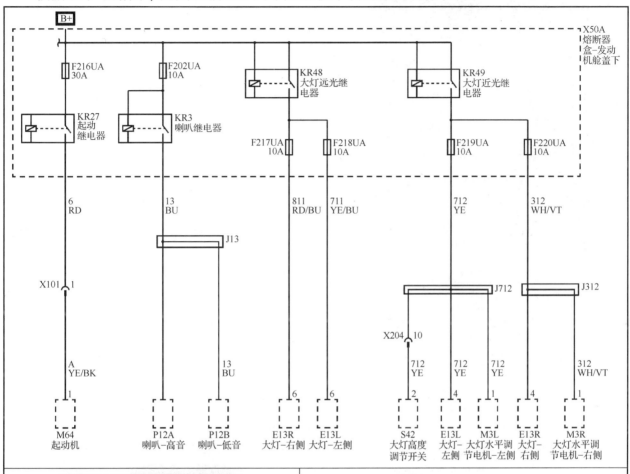

Step1：起动系统故障现象试验。

技术要求：将变速杆置于空挡位置或 P 挡位置，踩下制动踏板或离合器踏板，长按点火开关，观察起动机是否能运转或是否有启动迹象。

操作结果：_____

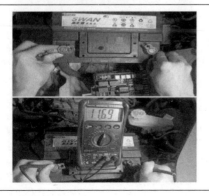

Step2：检查蓄电池电压及安装。

技术要求：用万用表直流电压挡 20V 量程测量起动机的蓄电池电压；检查蓄电池正、负极桩紧固情况。

蓄电池电压测量值：_____V，是否正常？□是，□否；
正、负极桩是否紧固？□是，□否

Step3：检查 ECM 系统内的故障码及数据流。

技术要求：用故障诊断仪读取 ECM 系统内与起动系统相关的故障码及数据流，故障诊断仪是否能进入 ECM 系统？□是，□否；故障诊断仪读取的故障码内容是＿＿＿＿＿＿＿＿

Step4：起动继电器检查。

技术要求：用万用表欧姆挡 200Ω 量程测量起动继电器线圈阻值。

测量值：＿＿＿＿Ω。是否正常？□是，□否。

对起动继电器线圈两端施加 12V 电压，用万用表欧姆挡 200Ω 量程测量起动继电器＿＿＿＿＿触点，是否导通？□是，□否；判断起动继电器的好坏：□完好，□损坏

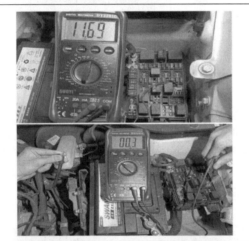

Step5：根据电路图测量起动继电器电压及线路。

技术要求：用万用表直流电压挡 20V 量程测量起动继电器线圈两端的电压和接地电压。

测量值：＿＿＿＿＿V。是否正常？□是，□否。

用万用表直流电压挡 20V 量程测量起动继电器端子 30 电压。

测量值：＿＿＿＿＿V。

检查起动继电器端子 87 至起动机端子 50 的连接情况。

是否正常？□是，□否

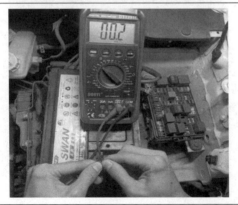

Step6：检查起动机熔断器。

技术要求：用万用表欧姆挡 200Ω 量程测量起动机熔断器阻值。

测量值：＿＿＿＿＿＿Ω。是否正常？□是，□否

续表

Step7：检查蓄电池正极、负极电缆。

技术要求：用万用表欧姆挡 200Ω 量程测量蓄电池正极电缆至起动机端子 C 阻值。

测量值：_____Ω。是否正常？□是，□否。

检查蓄电池负极电缆与车身的连接情况。

是否正常？□是，□否。

若上述检查均正常则更换起动机

三、项目考题与配分评分表

1. 起动系统的检修模拟考题

姓名		学号		班级	
考试开始时间		考试结束时间		总计（分）	
自评：□合格□不合格		组长评：□合格□不合格		教师评：□合格□不合格	教师签字：
考核项目：起动系统的检修实操考核报告					

一、车辆信息记录

品牌		整车型号		生产日期	
发动机型号		发动机排量		行驶里程	
车辆识别码					

二、起动系统检修

序号	检查项目	检测数据	检测结果
1	起动机外部清洁情况		正常□异常□
2	起动机与电池连接导线情况		正常□异常□
3	励磁绕组电阻		正常□异常□
4	电枢绕组电阻		正常□异常□
5	换向器检查		正常□异常□
6	电刷长度		正常□异常□
7	单向离合器检查		正常□异常□
8	电磁开关吸引线圈电阻		正常□异常□
9	电磁开关保持线圈电阻		正常□异常□

三、核对起动机信息

序号	核对项目	实车信息	制造商信息
1	选装代码		
2	功率等级代号		
3	电压等级代号		
分析	电池 RPO 信息是否符合制造商要求：是□ 否□		

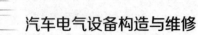

2. 起动系统检查保养配分评分表

评分项	得分条件	评分标准	配分
情意面 （作业安全） （职业操守）	1. 能进行工位 9S 操作（总分 4 分） 　□1.1 整理、整顿（1 分） 　□1.2 清扫、清洁（1 分） 　□1.3 节约、安全（1 分） 　□1.4 服务、满意、素养（1 分） 2. 能进行设备和工具安全检查（总分 5 分） 　□2.1 检查作业所需要的工具设备是否完备，有无损坏（1.5 分） 　□2.2 检查作业环境是否配备灭火器（1.5 分） 　□2.3 检查检测设备的电量是否充足（2 分） 3. 能进行车辆安全防护操作（总分 3 分） 　□3.1 正确安装车辆绝缘翼子板布和格栅垫（1 分） 　□3.2 正确安装车内四件套（1 分） 　□3.3 正确安装后车轮挡块（1 分） 4. 能进行工具量具清洁校准存放操作（总分 3 分） 　□4.1 使用工具前对工具量具进行校准（1 分） 　□4.2 使用工具后对工具量具进行清洁（1 分） 　□4.3 作业完成后对工具量具进行复位（1 分） 5. 能进行三不落地操作（总分 5 分） 　□5.1 作业过程中做到工具不落地（1 分） 　□5.2 作业过程中做到零件不落地（2 分） 　□5.3 作业过程中做到设备不落地（2 分）	依据得分条件进行评分，按要求完成的在□中打√，未按要求完成的在□中打×并扣除对应分数，扣分不得超过 20 分	20 分
技能面 （应用技能） （操作技能）	能正确对起动系统进行检查和保养（总分 40 分） 　□能正确检查起动机外表情况（3 分） 　□能正确检查起动机线路连接情况（4 分） 　□能正确拆卸起动机（4 分） 　□能正确检测电磁开关保持线圈和吸引线圈的阻值（4 分） 　□能正确检查电刷和电刷架（3 分） 　□能正确检查电枢绕组（4 分） 　□能正确检查铜片（4 分） 　□能正确检查励磁绕组（4 分） 　□能正确检查单向离合器（6 分） 　□能正确安装起动机（4 分）	依据得分条件进行评分，按要求完成的在□中打√，未按要求完成的在□中打×并扣除对应分数，扣分不得超过 40 分	40 分
作业面 （保养作业） （拆装作业） （维修作业）	1. 能正确查询且核对起动机的信息（总分 20 分） 　□1.1 能正确查询选装代码（5 分） 　□1.2 能正确查询电压等级代号（5 分） 　□1.3 能正确查询功率等级代号（5 分） 　□1.4 能正确查询起动机类型（5 分） 2. 能正确判断起动机故障点（总分 20 分） 　□2.1 能正确判断起动机空转的方法（5 分） 　□2.2 能正确判断起动机无力的方法（5 分） 　□2.3 能正确判断起动机不转的方法（10 分）	依据得分条件进行评分，按要求完成的在□中打√，未按要求完成的在□中打×并扣除对应分数，扣分不得超过 40 分	40 分

课后习题

一、填空题

1. 启动发动机常用的方法有＿＿＿＿＿＿和＿＿＿＿＿＿两种。

2. 常规起动机一般由＿＿＿＿＿、＿＿＿＿＿和＿＿＿＿＿三个部分组成。

3. 起动机在使用过程中一般会出现＿＿＿＿＿、＿＿＿＿＿、＿＿＿＿＿等故障。

二、选择题

1. 不会引起起动机运转无力的原因是（　　　）。

    A. 吸引线圈断路　　　　　　　　　　B. 电磁开关中接触片变形、烧蚀严重

    C. 蓄电池亏电　　　　　　　　　　　D. 铜片脏污

2. 直流串励式起动机中串励是指（　　　）。

    A. 吸引线圈与保持线圈串联连接　　　B. 励磁绕组与电枢绕组串联连接

    C. 吸引线圈与电枢绕组串联连接　　　D. 吸引线圈与保持线圈串联连接

3. 启动瞬间，起动机驱动齿轮的啮合位置是由电磁开关的（　　　）线圈的吸力保持的。

    A. 保持　　　　　B. 吸引　　　　　C. 初级　　　　　D. 次级

4. 永磁式起动机中用永久磁铁替代常规起动机中的（　　　）。

    A. 电枢绕组　　　B. 励磁绕组　　　C. 保持线圈　　　D. 吸引线圈

5. 在检测起动机时，（　　　）是电枢的不正常现象。

    A. 铜片与电枢轴之间绝缘　　　　　　B. 铜片与电枢铁芯之间绝缘

    C. 各铜片之间绝缘

三、判断题

1. 起动机一定有励磁绕组且与电枢绕组完全串联。（　　　）

2. 电磁操纵起动机单向离合器与电枢轴普遍用螺旋花键连接。（　　　）

3. 电磁操纵起动机均设计有铁芯断电行程。（　　　）

4. 减速型起动机的转子动不平衡量应控制在 4g 以内。（　　　）

5. 北京切诺基吉普车近期采用了行星齿轮减速型起动机。（　　　）

6. 起动机有"哒哒"声，但不能发动的原因一定是电磁开关中吸引线圈已烧断。

（　　　）

7. 将有匝间短路故障的起动机磁场绕组放在通电的电枢感应仪上 5min 后，会出现发热现象。（　　　）

8. 单向离合器是起动机的传动机构。（　　　）

9. 蓄电池电量不足会造成起动机运转无力。（　　　）

10. 蓄电池搭铁极性接反，会造成普通电磁式起动机转子反转。　　　　（　　）

四、简答题

1. 直流串励式电动机主要由哪些部分组成，各组成元件分别有什么作用？

2. 单向离合器的作用是什么？它是如何工作的？

3. 电磁开关的作用是什么？它是如何控制驱动齿轮啮合与退出啮合的？

4. 起动继电器的作用是什么？

项目五

点火系统的结构与检修

 项目概述

本项目是"汽车电气设备构造与维修"课程中的第五个项目，通过学习和掌握汽车传统点火系统的结构、原理、维护和检修方法等相关理论和技能知识，为电子点火系统和微机控制点火系统的后续学习和使用提供帮助。

 项目目标

知识目标

1. 了解传统点火系统的工作原理和作用。
2. 了解微机控制点火系统的组成、分类及工作原理。

技能目标

1. 能熟知点火系统的主要部件组成，并掌握检修方法。
2. 能够检修点火系统的常见故障。

素养目标

1. 提升学生安全环保意识及团队互助意识。
2. 培养学生发现问题、解决问题的能力。
3. 培养学生精益求精、严谨治学的工匠精神。

学习任务一 点火系统的组成与工作原理

 情景描述

前段时间，车主张先生把他的宝骏510汽车拖到汽车4S店，并反映该车当发动机启动时，无着火迹象。这是哪里出现问题了呢？

一、知识链接

引导问题1. 点火系统的功用是什么？

在汽油发动机中，气缸内的混合气由点火系统精准控制的高压电火花所点燃。点火系统的主要功用是将蓄电池或发电机输出的低压电能转换为高压电能，并按照发动机的工作顺序和点火时刻的要求，适时、准确地击穿各缸火花塞间隙，形成强烈的电火花，进而点燃混合气，从而确保发动机的稳定运行。

引导问题2. 点火系统的类型主要有哪些？

目前，汽车上使用的点火系统按其组成和产生高压电方式的不同，可分为传统蓄电池点火系统、电子点火系统和微机控制点火系统。

引导问题3. 点火系统的基本要求有哪些？

1. 高压要求

点火系统能产生足以击穿火花塞间隙的电压。火花塞电极击穿而产生电火花时所需要的电压被称为击穿电压。点火系统产生的次级电压必须高于击穿电压，才能使火花塞跳火。

2. 高能要求

点火系统的电火花应具有足够的能量。为了保证可靠点火，电子点火系统一般应保证50~80mJ的火花能量，启动时应产生高于100mJ的火花能量。电火花还应有一定的火花持续时间，通常不小于500μs。

3. 正时要求

点火系统的点火时刻应与发动机的工作状况相适应。由于发动机在不同的转速和负荷下工作时，所需点火提前角的大小不同，因此点火系统必须能自动调节点火提前角到最佳值。同时，点火系统应按发动机的工作顺序正确点火。一般六缸发动机的点火顺序为 1—5—3—6—2—4，四缸发动机的点火顺序为1—3—4—2 或 1—2—4—3。

引导问题 4. 传统点火系统的组成与工作原理是什么？

1. 传统点火系统的组成

传统点火系统主要由电源（蓄电池）、点火开关、点火线圈、分电器、附加电阻和火花塞等组成，如图 5-1 所示。

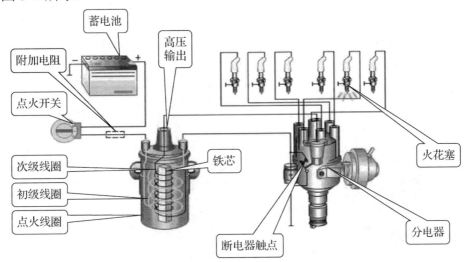

图 5-1 传统点火系统的组成

（1）电源：提供点火系统工作时所需的能量。

（2）点火开关：用来控制点火系统初级电路、仪表电路及继电器电路的开与闭。

（3）点火线圈：相当于自耦变压器，用来将电源供给的 12V、24V 或 6V 的低压直流电转变为 15～20kV 的高压直流电。

（4）分电器：由断电器、配电器、电容器和点火提前装置等组成。它用来在发动机工作时接通与切断点火系统的初级电路，使点火线圈中的次级线圈产生高压电，并按发动机要求的点火时刻与点火顺序，将点火线圈产生的高压电分配到相应气缸的火花塞上。

① 断电器。

断电器主要由断电器触点、断电器凸轮、断电器活动触点臂等组成。断电器触点之间的间隙可调节，一般为 0.35～0.45mm。断电器凸轮由发动机凸轮轴驱动，并以同样的转速旋转，即发动机曲轴每转两周，断电器凸轮转一周。

② 配电器。

配电器由分电器盖和分火头组成，用来将点火线圈产生的高压电分配到各缸的火花塞。

③ 电容器。

电容器安装在分电器外壳上，与断电器触点并联，用来减小断电器触点断开瞬间在触点处所产生的电火花，以免触点烧蚀，延长其使用寿命。

④ 点火提前装置。

点火提前装置用来在发动机工作时随发动机工况的变化自动调整点火提前角。

（5）附加电阻：改善点火性能和启动性能。

（6）火花塞：由中心电极和侧电极等组成，安装在发动机的燃烧室内，用来将点火线圈产生的高压电引入燃烧室，从而点燃燃烧室内的可燃混合气。火花塞装于气缸盖的火花塞孔内，其下端旁（搭铁）电极伸入燃烧室，上端连接分缸高压线。火花塞是点火系统中工作条件最恶劣、要求高和易损坏的部件，其结构图如图 5-2 所示。传统点火系统火花塞的电极间隙通常为 0.6～0.7mm，而电子点火系统火花塞的电极间隙可达到 1.0～1.2mm。

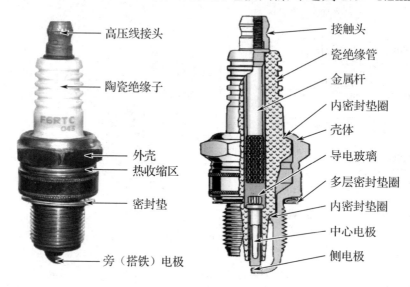

图 5-2　火花塞结构图

2. 传统点火系统的工作原理

传统点火系统利用电磁感应原理,把来自蓄电池或发电机的 12V 低压电转变为 15～20kV 的高压电，并按点火顺序送入各缸火花塞，以击穿其电极间隙点燃混合气。其工作原理如图 5-3 所示。发动机工作时，断电器凸轮在配气凸轮轴的驱动下旋转。断电器凸轮旋转时，断电器触点交替地闭合和打开。接通点火开关后，在触点闭合时初级线圈内有电流流过，并在铁芯中形成磁场。触点打开时，初级线圈电流被切断，使磁场迅速消失。此时，在初级线圈和次级线圈中均会产生感应电动势。由于次级线圈匝数多，因此可感应出高达 15～20kV 的高电压。该高电压击穿火花塞的电极间隙，形成火花放电。

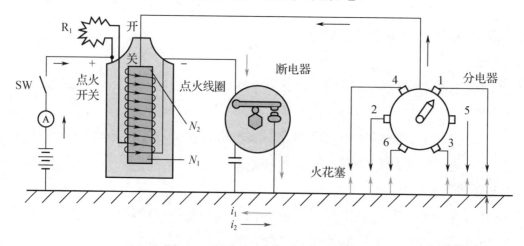

图 5-3　传统点火系统的工作原理

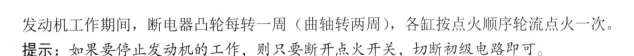

发动机工作期间，断电器凸轮每转一周（曲轴转两周），各缸按点火顺序轮流点火一次。

提示：如果要停止发动机的工作，则只要断开点火开关，切断初级电路即可。

二、任务实施

1. 认识传统点火系统的组成

查阅资料对照实物，填写下图中点火系统的结构名称。

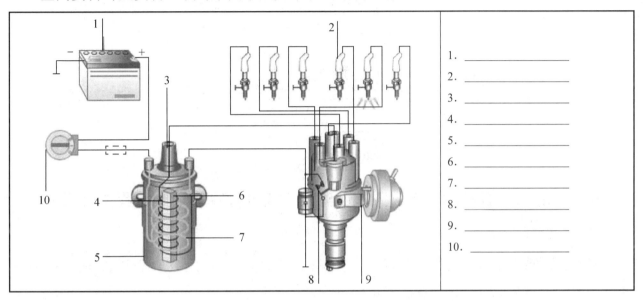

1. ＿＿＿＿＿＿
2. ＿＿＿＿＿＿
3. ＿＿＿＿＿＿
4. ＿＿＿＿＿＿
5. ＿＿＿＿＿＿
6. ＿＿＿＿＿＿
7. ＿＿＿＿＿＿
8. ＿＿＿＿＿＿
9. ＿＿＿＿＿＿
10. ＿＿＿＿＿＿

2. 认识传统点火系统的工作原理

根据下图，完成传统点火系统的工作原理。

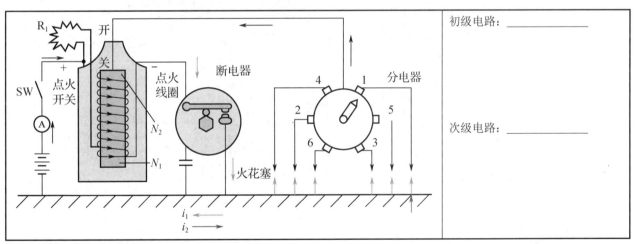

初级电路：＿＿＿＿＿＿

次级电路：＿＿＿＿＿＿

学习任务二　点火系统的分类与检修

情景描述

传统点火系统存在触点易氧化烧蚀、次级电压低、可靠性不高等缺点，已不适应现代汽油机发展的需要。你知道宝骏510汽车的点火系统是什么类型的吗？

一、知识链接

引导问题1. 电子点火系统的种类有哪些？

目前，汽油机电子点火系统种类繁多，主要有以下几种。

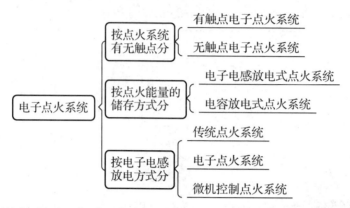

引导问题2. 微机控制点火系统的组成、工作原理和控制过程是什么？

1. 微机控制点火系统的组成

微机控制点火系统的结构因车而异，但基本的组成是相同的，主要由传感器、电子控制单元（ECU）、点火执行器等组成，如图5-4所示。

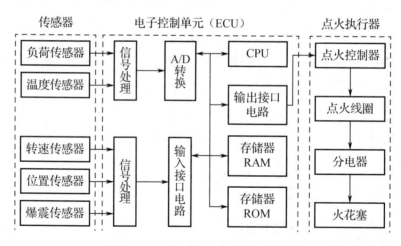

图5-4 微机控制点火系统的组成

（1）传感器。

传感器主要用于检测并反馈发动机的工况信息，为电子控制单元提供点火提前角的控制依据。

（2）电子控制单元。

电子控制单元是点火系统的控制中枢，其作用是先根据发动机设备传感器的输入信息及内存数据，进行运算、处理、判断，然后输出指令（信号），控制点火执行器动作，从而达到快速、准确地控制发动机工作的目的。

（3）点火执行器。

点火执行器是电子控制单元的执行机构，它根据电子控制单元输出接口电路输出的指令（信号），通过内部大功率管的导通与截止，控制初级电流的通断，完成点火工作。

2. 微机控制点火系统的工作原理和控制过程（以宝骏510汽车为实例分析）

宝骏510汽车的微机控制点火系统工作原理如图5-5所示。ECU不断地采集发动机的转速、负荷、冷却液温度、进气温度等信号，并与ECU存储器中预先存储的最佳控制参数进行比较，确定该工况下的最佳点火提前角和初级线路的最佳导通时间，以此向点火执行器发出指令。

点火执行器根据ECU的点火指令，控制点火线圈初级回路的导通和截止。当电路导通时，有电流从点火线圈中的初级线圈流过，点火线圈此时将电流以磁场的形式储存起来。当电流被切断时，次级线圈产生20~30kV感应电动势，通过火花塞释放点火能量，迅速点燃气缸内的混合气，使发动机完成做功过程。

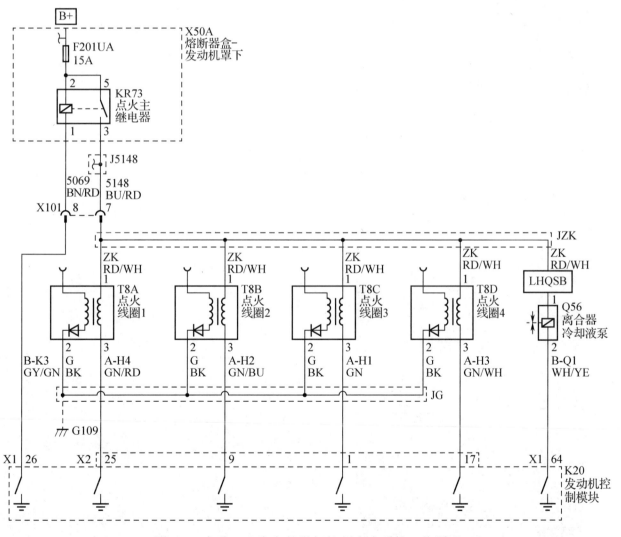

图5-5 宝骏510汽车的微机控制点火系统工作原理

二、任务实施

根据图 5-5 完成宝骏 510 汽车发动机 1 缸火花塞无高压火花故障检修任务。

	Step1：关闭点火开关。 操作结果：＿＿＿＿＿＿＿＿
	Step2：拔下高压线接插件。 操作结果：＿＿＿＿＿＿＿＿
	Step3：拆掉固定螺栓。 操作结果：＿＿＿＿＿＿＿＿
	Step4：取下高压包。 操作结果：＿＿＿＿＿＿＿＿

续表

Step5：拆下火花塞。

操作结果：＿＿＿＿＿＿＿＿。

间隙测量结果：＿＿＿＿＿。

是否需要更换：□是　□否

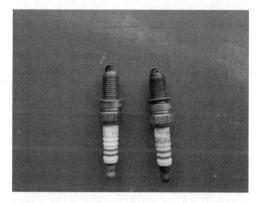

Step6：更换火花塞。

操作结果：＿＿＿＿＿＿＿

Step7：启动车辆。

操作结果：＿＿＿＿＿＿＿

Step8：检查发动机工作状态。

操作结果：＿＿＿＿＿＿＿

点火系统常见故障的诊断

情景描述

启动宝骏 510 汽车时，发现无着火迹象。这是点火系统常见故障之一，汽车维修技师要熟练分析这类故障的原因。

一、知识链接

引导问题 1. 点火系统常见故障诊断方法有哪些？

1. 试灯法或电压表测量法

如图 5-6 所示，用试灯或电压表逐段检验电路，若灯不亮或电压表指针不动，则说明该段电路之前存在断路故障。

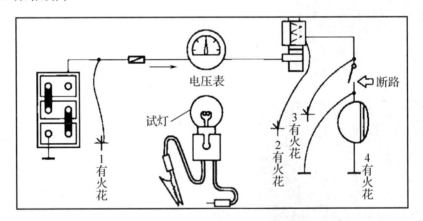

图 5-6 逐段搭铁试灯法示意图

2. 高压试火法

将分电器中心高压线或火花塞高压线拔下，线头对准缸体表面保持 5～8mm 间隙，启动发动机，观察线端间隙是否跳火及火花强弱程度。如果火花呈蓝白色，说明初级电路正常，故障在高压回路中；如果火花弱或无火花，则说明故障在初级电路中。

点火系统常见故障及故障现象如表 5-1 所示。

表 5-1 点火系统常见故障及故障现象

常见故障	故障现象
点火系统无高压火花	发动机气缸不做功，发动机不启动
高压火花弱	发动机启动困难，排气冒黑烟，加速性差
点火正时失准	发动机动力不足，怠速不稳，易过热，易爆燃
点火性能随工况变化	发动机低速正常，高速失速；低温正常，高温不正常；启动时正常，工作一段时间后不正常

引导问题 2. 电子点火系统常见故障有哪些？

电子点火系统常见故障如下。

（1）启动困难。主要表现为起步困难，起步时偶尔窜车，上坡起步时车辆容易熄火；怠速和空挡加速正常。

（2）点火太慢。主要表现为消声器声音沉重，加速时化油器回火，发动机冷却液温度高，汽车行驶无力。

（3）怠速抖动。主要表现为车辆怠速时发动机明显抖动，提高发动机转速后恢复平稳。

二、任务实施

根据图 5-5 完成宝骏 510 汽车点火系统故障检修任务。

Step1：找到 F201UA 熔断器上游电压端。

操作结果：＿＿＿＿＿＿＿＿＿

Step2：测量 F201UA 熔断器上游电压。

测量结果：＿＿＿＿＿＿＿＿＿

Step3：找到 F201UA 熔断器下游电压端。

操作结果：＿＿＿＿＿＿＿＿

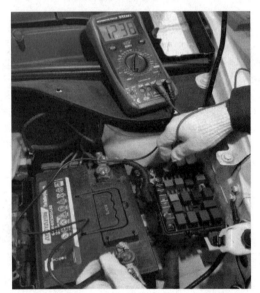

Step4：测量 F201UA 熔断器下游电压。

测量结果：＿＿＿＿＿＿＿＿

Step5：拔下 F201UA 熔断器。

操作结果：＿＿＿＿＿＿＿＿

续表

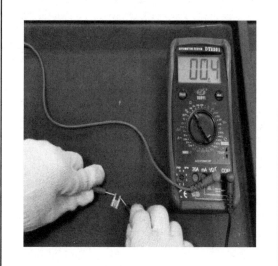

Step6：测量 F201UA 熔断器电阻。

测量结果：＿＿＿＿＿＿＿＿＿

Step7：拔下点火系统继电器。

操作结果：＿＿＿＿＿＿＿＿＿

Step8：测量继电器 85-86 端子电阻。

测量结果：＿＿＿＿＿＿＿＿＿

续表

Step9：给继电器通电，测量 30-87 端子电阻。

测量结果：＿＿＿＿＿＿＿＿

Step10：在插接口找到 X101-8 端的插线口。

操作结果：＿＿＿＿＿＿＿＿

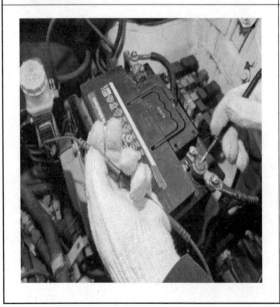

Step11：测量 X101-8 至 X1-26 端子电阻。

测量结果：＿＿＿＿＿＿＿＿

三、项目考题与配分评分表

1. 点火系统检查保养模拟考题

姓名		学号		班级	
考试开始时间		考试结束时间		总计（分）	
自评：□合格□不合格		组长评：□合格□不合格		教师评：□合格□不合格	教师签字：

考核项目：点火系统检查保养实操考核报告

一、车辆信息记录

品牌		整车型号		生产日期	
发动机型号		发动机排量		行驶里程	
车辆识别码					

二、点火系统线路元件的检查

序号	检查项目	检测结果
1	熔断器	正常□异常□
2	高压包	正常□异常□
3	高压线接插件	正常□异常□
4	火花塞电极间隙	正常□异常□

三、点火系统线路的检测

序号	型号	检测数据	检测结果
1	F201UA 熔断器上游电压		正常□异常□
2	F201UA 熔断器下游电压		正常□异常□
3	F201UA 熔断器电阻		正常□异常□
4	继电器 85-86 端子电阻		正常□异常□
5	继电器 30-87 端子电阻		正常□异常□
6	X101-8 至 X1-26 端子电阻		正常□异常□

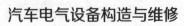 汽车电气设备构造与维修

2. 点火系统检查保养配分评分表

评分项	得分条件	评分标准	配分
情意面 （作业安全） （职业操守）	1. 能进行工位 9S 操作（总分 4 分） 　□1.1 整理、整顿（1 分） 　□1.2 清扫、清洁（1 分） 　□1.3 节约、安全（1 分） 　□1.4 服务、满意、素养（1 分） 2. 能进行设备和工具安全检查（总分 5 分） 　□2.1 检查作业所需要的工具设备是否完备，有无损坏（0.5 分） 　□2.2 检查作业环境是否配备灭火器（0.5 分） 　□2.3 检查检测设备的电量是否充足（2 分） 　□2.4 检查检测设备的插头及电缆的放置位置是否安全（2 分） 3. 能进行车辆安全防护操作（总分 3 分） 　□3.1 正确安装车辆绝缘翼子板布和格栅垫（1 分） 　□3.2 正确安装车内四件套（1 分） 　□3.3 正确安装后车轮挡块（1 分） 4. 能进行工具量具清洁校准存放操作（总分 3 分） 　□4.1 使用工具前对工具量具进行校准（1 分） 　□4.2 使用工具后对工具量具进行清洁（1 分） 　□4.3 作业完成后对工具量具进行复位（1 分） 5. 能进行三不落地操作（总分 5 分） 　□5.1 作业过程中做到工具不落地（1 分） 　□5.2 作业过程中做到零件不落地（2 分） 　□5.3 作业过程中做到设备不落地（2 分）	依据得分条件进行评分，按要求完成的在□中打√，未按要求完成的在□中打×并扣除对应分数，扣分不得超过 20 分	20 分
技能面 （应用技能） （操作技能）	能正确对点火系统进行检查（总分 28 分） 　□能正确启动车辆（4 分） 　□能正确找到点火系统熔断器（4 分） 　□能正确检查熔断器是否正常（4 分） 　□能正确测量熔断器上游线路是否正常（4 分） 　□能正确测量熔断器下游线路是否正常（4 分） 　□能正确检查继电器–搭铁线路是否正常（4 分） 　□多功能万用表所选择量程是否符合规格（2 分） 　□多功能万用表所选择挡位是否符合要求（2 分）	依据得分条件进行评分，按要求完成的在□中打√，未按要求完成的在□中打×并扣除对应分数，扣分不得超过 28 分	28 分
作业面 （保养作业） （拆装作业） （维修作业）	1. 能正确拆装和保养点火系统（总分 22 分） 　□1.1 能正确拔下高压线接插件（4 分） 　□1.2 能正确拆下固定螺栓（4 分） 　□1.3 能正确取下高压包（4 分） 　□1.4 能正确拆下火花塞（4 分） 　□1.5 能正确检查火花塞电极间隙（4 分） 　□1.6 能正确使用塞尺（2 分） 2. 能正确测量电子点火系统故障部位（总分 25 分） 　□2.1 能正确测量熔断器上、下游电压（5 分） 　□2.2 能正确测量继电器 85–86 端子电阻（5 分） 　□2.3 能正确给继电器通电，测量 30–87 端子电阻（5 分） 　□2.4 能正确判断电子点火故障码类型（5 分） 　□2.5 能正确测量 X101-8 至 X1-26 端子电阻（5 分） 3. 能正确对故障部位进行确认与排除（总分 5 分）	依据得分条件进行评分，按要求完成的在□中打√，未按要求完成的在□中打×并扣除对应分数，扣分不得超过 52 分	52 分

课后习题

一、填空题

1．目前，汽车上使用的点火系统按其组成和产生高压电方式的不同，可分为_____、_____、_____。

2．汽车分电器由_____、_____、_____和_____等组成。

3．断电器触点间隙一般为_____。

4．四缸发动机的点火顺序为_____。

5．火花塞电极由_____和_____组成。

6．一般六缸发动机的点火顺序为_____。

二、判断题

1．发动机转速加快时，点火提前角应增大。 （　　）

2．发动机负荷减小时，点火提前角应减小。 （　　）

3．使发动机产生最大功率，不损失能量，就应在活塞到达上止点时点火。 （　　）

4．点火过迟会使发动机过热。 （　　）

5．火花塞电极间隙过小，高压火花变弱。 （　　）

6．断电器触点间隙过小，易使触点烧坏。 （　　）

三、选择题

1．电容器击穿（短路）会造成（　　）。

　　A．火弱　　　　　　B．无火　　　　　　C．触点烧蚀

2．发动机功率大、压缩比大，转速高时应选用（　　）。

　　A．热型火花塞　　B．中型火花塞　　C．冷型火花塞

3．CA1091车上火花塞的电极间隙在冬季宜为（　　）。

　　A．0.4～0.6mm　　B．0.6～0.7mm　　C．0.7～0.8mm

4．断电器触点间隙过大会使点火时间（　　）。

　　A．提前　　　　　　B．不变　　　　　　C．推迟

5．点火系统中电容器的作用是（　　）。

　　A．减少触点火花　　B．增大触点火花　　C．与火花无关

6．下列不属于微机控制点火系统的是（　　）。

　　A．离合器　　　　　B．点火线圈　　　　C．ECU

四、简答题

1．传统点火系统主要由哪些部件组成？

2．怎样调整断电器触点间隙？

3．微机控制点火系统的组成和工作原理是什么？

4．电子点火系统常见故障有哪些？

5．简述点火提前角。

项目六

照明与信号系统的结构与检修

 项目概述

本项目是"汽车电气设备构造与维修"课程中的第六个项目，通过学习和掌握汽车照明与信号系统的结构、原理、维护和检修方法等相关理论和技能知识，为后续照明与信号系统的使用与维护提供保障。

 项目目标

知识目标

1. 了解照明与信号系统在车上的安装位置。
2. 掌握照明与信号系统的组成及各主要部件的作用及工作原理。

技能目标

1. 能正确检查与更换前照灯。
2. 能够检修照明与信号系统的常见故障。

素养目标

1. 提升学生节约能源意识及团队互助意识。
2. 培养学生发现问题、解决问题的能力。
3. 培养学生精益求精的工匠精神和职业自信的能力。

学习任务一 照明系统的结构与检修

 情景描述

王女士购买了一辆宝骏 510 汽车，使用一段时间后发现前照灯的亮度不足，夜间行车时照明效果不理想。为了提高行车安全性，她决定更换车灯。王女士购买新车灯后，将车辆开进了维修店，准备进行更换。那么，交通法规对车辆灯光有什么要求呢？维修技师在更换车灯时又应该注意哪些事项呢？

一、知识链接

引导问题 1. 照明系统的功用是什么？

照明系统的功用主要有方便汽车行驶、保证行车安全，在汽车上都装有多种照明及信号设备。

引导问题 2. 车辆中常见照明灯的安装位置、工作时的特点及用途是什么？

车辆前部照明灯的安装位置如图 6-1 所示，车辆后部照明灯的安装位置如图 6-2 所示。车辆外部照明灯主要包括前照灯、雾灯、牌照灯等；车辆内部照明灯主要包括顶灯、仪表灯、行李箱灯等。在所有照明灯中，前照灯是最重要的照明装置。

图 6-1　车辆前部照明灯的安装位置

图 6-2　车辆后部照明灯的安装位置

常见照明灯和常见信号灯工作时的特点及用途分别如表 6-1 和表 6-2 所示。

表 6-1　常见照明灯工作时的特点及用途

种类	外部照明灯			内部照明灯		
	前照灯	雾灯	牌照灯	顶灯	仪表灯	行李箱灯
工作时的特点	白色常亮 远近光切换	琥珀色或白色常亮	白色常亮	白色常亮	白色常亮	白色常亮

用途	为驾驶员安全行车提供保障	用于雨、雪、雾天照明及提供信号	用于夜间照明汽车尾部牌照	用于夜间车内照明	用于夜间照明仪表	用于夜间行李箱照明

表 6-2　常见信号灯工作时的特点及用途

种类	外部信号灯					内部信号灯	
	转向灯	示宽灯	停车灯	制动灯	倒车灯	转向指示灯	其他指示灯
工作时的特点	琥珀色交替闪烁	白色、黄色或红色常亮	白色或红色常亮	红色常亮	白色常亮	白色闪亮	白色常亮
用途	告知路人或其他车辆将转弯	标志汽车宽度轮廓	表明已减速或将停车	告知路人或其他车辆将刹车	告知路人或其他车辆将倒车	提示驾驶员车辆的行驶方向	提示驾驶员车辆状况

引导问题 3．照明系统的组成和用途是什么？

照明与信号设备除了美观、实用，还必须满足两个要求，一个是保证运行安全，另一个是符合交通法规要求。汽车照明与信号系统的基本组成如下。

（1）前照灯：又称大灯，其作用是夜间行车时照明道路，功率为 40～60W。

（2）示宽灯：又称示廓灯、小灯，安装在车身前后，用于夜间行车或停车时标志车辆轮廓和位置。前示宽灯俗称"小灯"，灯光为白色或黄色，后示宽灯俗称"尾灯"，灯光为红色，功率为 5～10W。

（3）牌照灯：安装在汽车尾部的牌照上方，灯光为白色，其作用是夜间照明汽车尾部牌照，功率为 5～15W。

（4）仪表灯：安装在汽车仪表上，用于夜间照明仪表，灯光为白色，功率为 2～5W。

（5）顶灯：安装在车内顶部，用于车内照明，灯光为白色，功率为 5～8W。

（6）雾灯：用于雨、雪、雾天照明及提供信号，灯光为琥珀色或白色，具有良好的透雾性，功率为 35～55W。

（7）指示灯：用于指示某一系统是否处于工作状态，灯光为绿色、橙色、白色，功率为 2W。常见的指示灯有远近光指示灯、转向指示灯、雾灯工作指示灯、空调工作指示灯、收放机工作指示灯、自动变速器操作手柄位置指示灯等。

（8）报警灯：安装在仪表板上，用于监测汽车各系统的技术状况。当某一系统出现异常情况时，对应的报警灯亮，提醒驾驶员该系统出现故障。报警灯的灯光为红色或黄色，功率为 2W。常见的报警灯有发动机故障报警灯、机油压力报警灯、冷却液温度报警灯等。

此外，还有工作灯、门灯、踏步灯、行李箱灯等。

引导问题 4. 前照灯的照明标准、结构、分类及电路组成有哪些？

1. 前照灯

（1）前照灯的照明标准。

由于前照灯的照明效果直接影响夜间的行车安全，故世界各国都以法律的形式规定了前照灯的照明标准，以确保夜间行车时的交通安全。其基本要求如下。

① 汽车前照灯的夜间照明必须保证车前 100m 以内的路面上有明亮且均匀的光照，使驾驶员能够看清车前 100m 以内的路面情况。随着汽车行驶速度的提高，对汽车前照灯照明距离的要求也将相应增加，现代高速汽车的照明距离应达到 200～250m，甚至更远。

② 前照灯应具有防眩目的装置。夜间会车时，前照灯的强光会造成对面驾驶员眩目，并可能引发交通事故。因此，前照灯必须采取有效的防眩目措施。我国交通法规中明确规定：夜间会车时，必须在距对向车辆 150m 以外关闭远光灯，改用近光灯。

（2）前照灯的结构。

前照灯的光学组件由灯泡、反射镜和配光镜三部分组成。

① 灯泡。

目前汽车前照灯的灯泡有两种，即充气灯泡和卤钨灯泡。

② 反射镜。

反射镜是用薄钢板冲压而成的。其表面先镀银、铬、铝等，然后抛光。反射镜的作用是尽可能多地收集灯泡发出的光线，并将这些光线聚合成很强的光束射向远方。

③ 配光镜。

配光镜又称散光玻璃，是由透明玻璃压制而成的棱镜和透镜的组合体。配光镜的作用是将反射镜反射出的光束进行折射，以扩大光线的照射范围，使车前 100m 以内的路面有明亮且均匀的照明。目前汽车的组合前照灯常将反光镜和配光镜融为一体，既能起到反光作用，又能起到配光作用。

（3）前照灯的分类。

① 可拆式前照灯。

可拆式前照灯由于密封性不好，反射镜易受灰尘和湿气的污染而变黑，这严重影响了照明效果，因此目前已很少被采用。

② 全封闭式前照灯。

全封闭式前照灯又称真空灯，它的反射镜和配光镜被制成一体，内部装有灯丝，并充以惰性气体。其结构如图 6-3 所示。

③ 半封闭式前照灯。

半封闭式前照灯结构如图 6-4 所示。其配光镜由反射镜边缘上的齿簧固定在反射镜上。更换灯泡时，不能用手直接触摸灯泡玻璃壳部分。

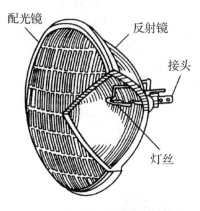

图 6-3　全封闭式前照灯结构

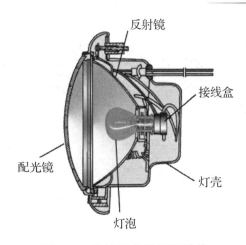

图 6-4　半封闭式前照灯结构

④ 投射式前照灯。

投射式前照灯的结构如图 6-5 所示，在第二焦点附近设有遮光镜，可遮挡上半部分光，形成明暗分明的配光。由于具有这种配光特性，因此投射式前照灯也可作为雾灯使用。

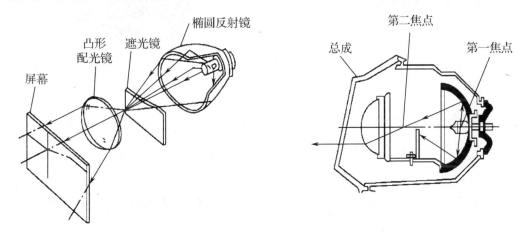

图 6-5　投射式前照灯的结构

⑤ 弧光式前照灯。

弧光式前照灯的结构如图 6-6 所示。这种灯的灯泡里没有灯丝，取而代之的是装在石英管内的两个电极，管内充有氙及微量金属（或金属卤化物）。弧光式前照灯由弧光灯、电子控制装置和引燃及稳弧部分等组成。其灯泡发出的光色和荧光灯的光色相似，亮度是目前卤钨灯泡亮度的 2.5 倍，使用寿命是卤钨灯泡使用寿命的 5 倍，灯泡的功率为 35W，可节能 40%。

2. 前照灯电路

前照灯电路主要由灯光开关、变光开关、前照灯继电器及前照灯灯泡等组成。

（1）灯光开关。

灯光开关的形式有拉钮式、旋转式和组合式等，现代汽车上使用较多的是将前照灯、尾灯及变光开关等制成一体的组合式开关，如图 6-7 所示。

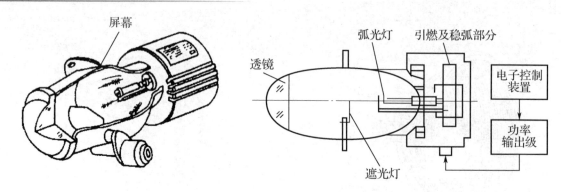

图 6-6 弧光式前照灯的结构

图 6-7 组合式开关

图 6-7 所示的组合式开关是丰田汽车使用的组合式开关，转动开关端部，便可依次接通尾灯（包括位置灯）和前照灯。将开关向前压，灯光便由近光变为远光；将开关向后扳，灯光也可从近光变为远光。与向前压不同的是，松手后开关会自动弹回近光位置，此位置用来作为夜间行车时的超车信号。通过上下扳动开关，可使左右转向灯工作。

（2）变光开关。

变光开关可以根据需要来切换远光和近光，它有脚踏变光开关和组合式变光开关两种。脚踏变光开关已被淘汰。目前车辆上多采用组合式变光开关，其安装在转向盘下方，便于驾驶员操作。

（3）前照灯继电器。

前照灯的工作电流较大，特别是四灯制的汽车，如果直接用车灯开关控制前照灯，那么车灯开关易烧坏，因此在灯光电路中通常设有前照灯继电器。

图 6-8 所示为触点常开式前照灯继电器的结构和引线端子，端子 SW 与前照灯开关相连，端子 E 搭铁，端子 B 与电源相连，端子 L 与变光开关相连。当接通前照灯开关后，继电器铁芯通电，触点闭合，从而通过变光开关向前照灯供电。

（4）前照灯灯泡。

前照灯灯泡执行照明功能，分为近光灯和远光灯。

照明系统的大部分电路由组合灯光开关、车身控制模块、继电器、熔断器、灯光和导线等组成。照明系统受灯光开关控制，最常用的灯光开关一般有 OFF（关闭）挡、Park（驻车灯）挡和 Head（前照灯）挡三个挡位。对于大部分汽车来说，灯光开关上的两个相线接线柱与蓄电池正极直接相连，灯光电路不受点火开关控制，即点火开关在 OFF 挡时，灯光开关也能开、闭照明电路。前照灯工作原理以宝骏 510 汽车的前照灯电路为例进行说明，如图 6-9 所示。

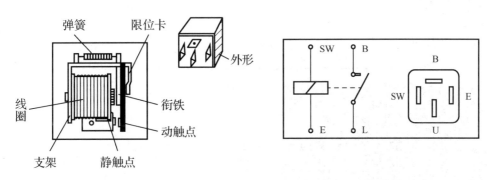

图 6-8 触点常开式前照灯继电器的结构和引线端子

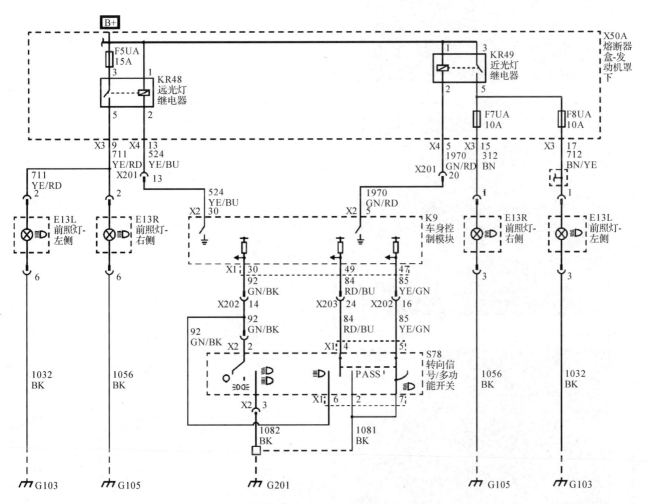

图 6-9 前照灯示意图（近光灯和远光灯）

近光灯：将灯光开关从 OFF 挡位置打到近光灯位置，车身控制模块控制近光灯继电器线圈搭铁（X2/5），近光灯继电器触点端吸合，使电流流向为蓄电池正极→近光灯继电器触点→近光灯熔断器→近光灯→搭铁→蓄电池负极，近光灯工作。

远光灯：将灯光开关从 OFF 挡位置打到远光灯位置，车身控制模块控制远光灯继电器线圈搭铁（X2/30），远光灯继电器触点端吸合，使电流流向为蓄电池正极→远光灯继电器触点→远光灯→搭铁→蓄电池负极，远光灯工作。

二、任务实施

根据图 6-9 完成左近光灯不亮的检修任务。

	Step1：打开近光灯。 操作结果：_____
	Step2：检查近光灯是否正常。 检查结果：_____
	Step3：测量左近光灯熔断器的上游电压。 测量结果：_____

续表

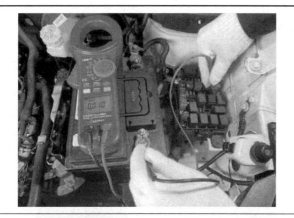

Step4：测量左近光灯熔断器的下游电压。

测量结果：_____

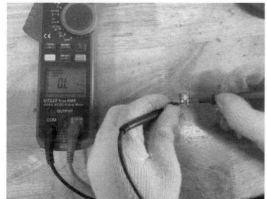

Step5：关闭近光灯，测量拔下的左近光灯电阻。

测量结果：_____

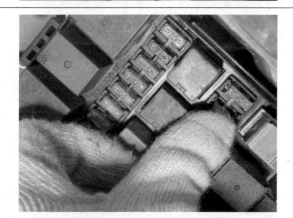

Step6：更换新熔断器。

操作结果：_____

Step7：打开近光灯，检查近光灯维修情况。

操作结果：_____

学习任务二 转向信号系统的结构与检修

情景描述

王女士的宝骏 510 汽车在使用一段时间后，有一天使用车辆时发现转向灯不亮了，于是她把车辆开到 4S 店进行维修。如果你是维修技师，请你对该故障车进行检修。

一、知识链接

引导问题 1. 转向信号系统有哪些作用？

为了指示车辆的行驶方向，汽车上都装有转向信号灯（转向灯）。转向灯装于汽车的前、后或侧方，其灯光信号采用闪烁的方式，用来指示车辆左转或右转，以引起其他车辆或行人的注意，提高行车安全性。根据我国交通法规，汽车在行驶中，若遇到紧急或危险情况，可使前、后、左、右四个转向灯同时闪烁，作为危险报警信号，请求其他车辆避让。

引导问题 2. 转向灯及危险报警电路由哪些部件组成？

转向灯电路主要由转向灯、车身控制模块、转向灯开关、继电器、熔断器及导线等组成。

危险报警电路一般由左转向灯、右转向灯、闪光器、危险警告灯开关等组成。当危险警告灯开关闭合时，左转向灯、右转向灯同时闪烁。转向灯及危险报警电路的工作原理以宝骏 510 汽车的转向灯及危险报警电路为例进行说明。组合开关电路图和车外灯示意图（危险警告灯和转向灯）分别如图 6-10 和图 6-11 所示。

（1）左转向灯：将开关打到左转向位置，电流由车身控制模块（X1/5）经过多功能开关、搭铁，回到蓄电池负极形成回路，车身控制模块发出信号使车身控制模块（X2/24、47、36）开关闭合，从而使电流由车身控制模块（X2/24、47、36）经过左转向灯、搭铁，回到蓄电池负极形成回路，左转向灯工作。

（2）右转向灯：将开关打到右转向位置，电流由车身控制模块（X1/34）经过多功能开关、搭铁，回到蓄电池负极形成回路，车身控制模块发出信号使车身控制模块（X2/12、23、35）开关闭合，从而使电流由车身控制模块（X2/12、23、35）经过右转向灯、搭铁，回到蓄电池负极形成回路，右转向灯工作。

（3）危险警告灯：打开危险警告灯开关，电流由车身控制模块（X1/9）经过危险警告灯开关、搭铁，回到蓄电池负极形成回路，车身控制模块发出信号使车身控制模块（X2/12、23、24、35、36、47）开关闭合，从而使电流由车身控制模块（X2/12、23、24、35、36、47）经过左转向灯、右转向灯、搭铁，回到蓄电池负极形成回路，危险警告灯工作。

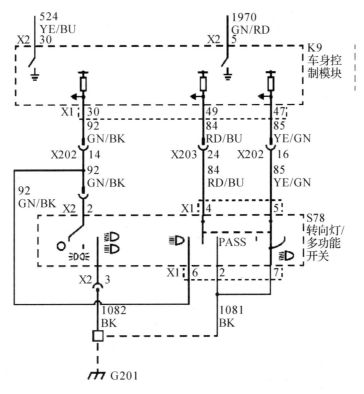

图 6-10　组合开关电路图

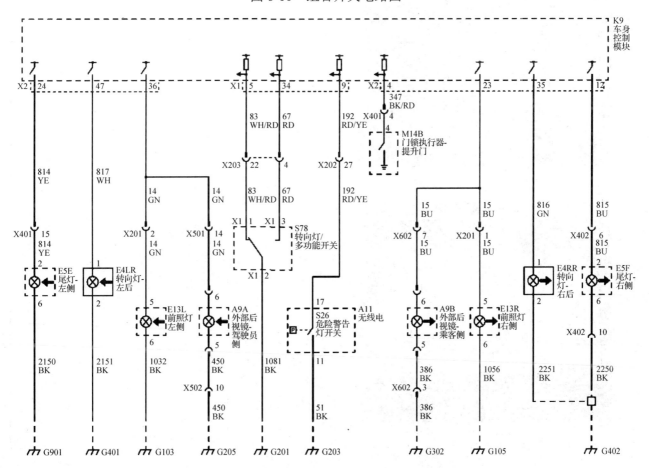

图 6-11　车外灯示意图（危险警告灯和转向灯）

引导问题 3．转向灯电路的常见故障有哪些？

1．转向灯开关打到左侧或右侧时，转向灯闪烁得比正常情况快

这种故障现象说明这一侧的转向灯灯泡可能烧坏，或者转向灯的接线、搭铁不良。检查方法：若灯泡烧坏，则更换灯泡；若接线、搭铁不良，则酌情修理。

2．左、右转向灯均不亮

这种故障的原因可能是转向灯开关出现故障或线路存在断路。检查方法如下。

（1）检查转向灯开关及其接线，酌情修理或更换。

（2）以上检查都正常，再检查车身控制模块，酌情修理或更换。

二、任务实施

根据图 6-11 完成以下左后转向灯不亮的检修任务。

	Step1：打开危险警告灯。 操作结果：_____
	Step2：检查危险警告灯是否正常。 检查结果：_____

续表

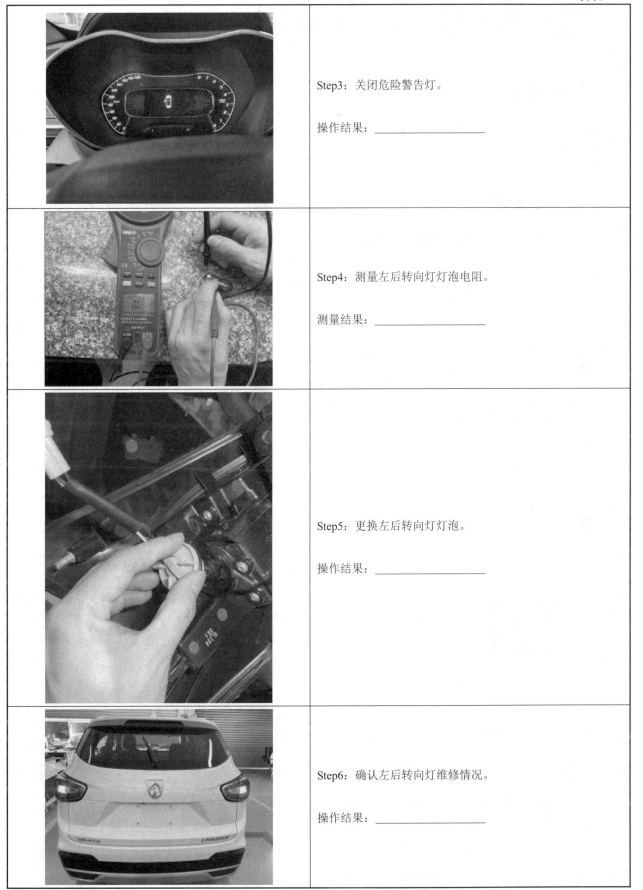

	Step3：关闭危险警告灯。 操作结果：_____
	Step4：测量左后转向灯灯泡电阻。 测量结果：_____
	Step5：更换左后转向灯灯泡。 操作结果：_____
	Step6：确认左后转向灯维修情况。 操作结果：_____

111

学习任务三　　制动与倒车信号系统的结构与检修

 情景描述

在维修王女士的宝骏510汽车转向灯时，4S店又来了一辆制动信号灯不亮的故障车。维修技师因忙不过来，所以交给你去对该故障车进行检修，那么你如何开展工作呢？

一、知识链接

引导问题1．制动与倒车信号系统有哪些作用？

制动信号灯是与汽车制动系统同步工作的，它通常由制动信号灯开关控制。制动信号灯安装在汽车的尾部，当汽车制动时，红色信号灯亮，给尾随其后的车辆发出制动信号，以避免造成追尾事故。目前，一些发达国家中还规定了汽车必须在后窗中心线、靠近窗底部附近安装高位制动信号灯。这样，当前后两辆车靠得太近时，后面汽车的驾驶员就能根据高位制动信号灯的工作情况，判断前面汽车的行驶状况。

引导问题2．制动信号如何产生？

1．制动信号装置的组成及分类

制动信号装置主要由制动信号灯和制动信号灯开关组成。制动信号灯由制动信号灯开关控制，常见的制动信号灯开关有以下几种。

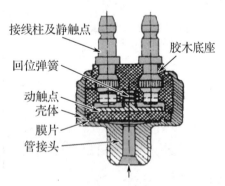

图6-12　液压式制动信号灯开关

（1）液压式制动信号灯开关。

图6-12所示为液压式制动信号灯开关，用于采用液压制动系统的汽车上，通常被安装在液压制动主缸的前端，或者制动管路中。当踩下制动踏板时，由于制动系统的压力增大，膜片向上弯曲，动触点同时接通接线柱，因此制动信号灯通电发亮。当松开制动踏板时，制动系统压力降低，动触点在回位弹簧的作用下复位，制动信号灯电路被切断。

（2）气压式制动信号灯开关。

图6-13所示为气压式制动信号灯开关，用于采用气压制动系统的汽车上，通常被安装在制动系统的气压管路中。制动时，制动压缩空气推动橡胶膜片向上弯曲，使触点闭合，从而接通制动信号灯电路。

（3）弹簧式制动信号灯开关。

弹簧式制动信号灯开关（见图6-14）是一种较为常用的制动信号灯开关，通常被安装在制动踏板的后面。当踩下制动踏板时，开关闭合，制动信号灯亮。

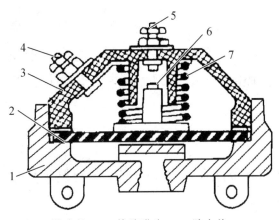

1—壳体；2—橡胶膜片；3—胶木盖；

4，5—接线柱；6—触点；7—回位弹簧

图 6-13　气压式制动信号灯开关

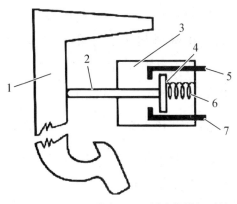

1—制动踏板；2—推杆；3—制动信号灯开关；

4—接触桥；5，7—接线柱；6—回位弹簧

图 6-14　弹簧式制动信号灯开关

2. 制动信号灯

制动信号灯通常不直接受点火开关的控制，而是直接由电源经熔丝连接到制动信号灯开关。制动信号灯根据尾灯的组合形式有三灯的组合式尾灯和双灯的尾灯，制动信号灯电路工作原理以宝骏 510 汽车制动信号灯电路为例进行说明，如图 6-15 所示。

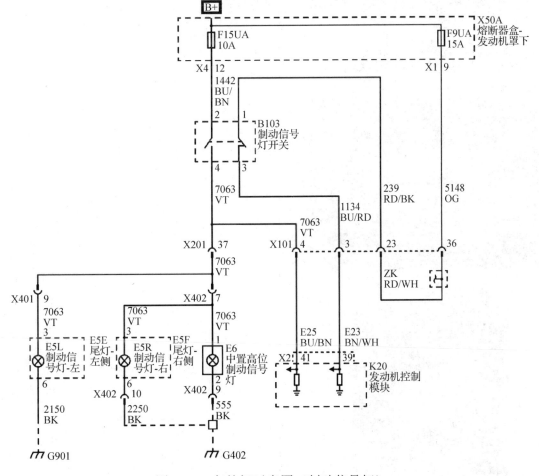

图 6-15　车外灯示意图（制动信号灯）

制动信号灯：踩下制动踏板，制动信号灯开关的常开触点闭合，常闭触点打开，电流由蓄电池正极→制动信号灯开关常开熔断器 F15UA→制动信号灯→搭铁→蓄电池负极形成回路，制动信号灯工作。同时，另外一端反馈到发动机控制模块，发动机控制模块先根据其信号频率对 ABS 等系统发出信号，再由各系统判断是否动作。

引导问题 3. 倒车信号系统由哪些装置组成？

汽车倒车时，为了警告车后的行人和后面车辆驾驶员注意，在汽车尾部装有倒车灯，有些汽车上还装有倒车蜂鸣器，它们均由倒车灯开关控制。

二、任务实施

根据图 6-15 完成左制动信号灯不亮的检修任务。

	Step1：踩下制动踏板。 操作结果：＿＿＿＿＿＿＿＿＿＿
	Step2：检查制动信号灯是否正常。 检查结果：＿＿＿＿＿＿＿＿＿＿
	Step3：测量左制动信号灯灯泡电阻。 测量结果：＿＿＿＿＿＿＿＿＿＿

续表

	Step4：更换左制动信号灯灯泡。 操作结果：_____
	Step5：检查制动信号灯维修情况。 操作结果：_____

学习任务四 电喇叭的结构与检修

 情景描述

某 4S 店来了一辆宝骏 510 汽车电喇叭不响的故障车，由于维修技师正忙，因此请你去对该故障车进行检查并维修，那么你如何开展工作呢？

一、知识链接

引导问题 1．电喇叭的类型及特点是什么？

汽车上一般采用的电喇叭具有结构简单、维修方便、体积小、声音悦耳等特点。汽车电喇叭按外形分为螺旋（蜗牛）形、筒形和盆形三种；按声音分为高音和低音两种；按接线方式分为单线和双线两种。

引导问题 2. 电喇叭的结构原理是什么？

各种电喇叭的结构原理基本相同，图 6-16 所示为盆形电喇叭的结构图，其原理如下。

按下电喇叭开关 10，电喇叭内部电路接通，电路为蓄电池正极→线圈 2→触点 7→电喇叭开关 10→搭铁→蓄电池负极。线圈 2 通电后产生电磁力，吸动上铁芯 3 及衔铁 6 下移，使膜片 4 向下弯曲。衔铁 6 下移将触点 7 顶开，线圈 2 电路被切断，其电磁力消失，上铁芯 3、衔铁 6 及膜片 4 又在触点臂和膜片 4 自身弹力的作用下复位，触点 7 又闭合。触点 7 闭合后，线圈 2 又通电产生电磁力吸引上铁芯 3 和衔铁 6 下移，再次将触点 7 顶开。如此循环，使上铁芯 3 与下铁芯 9 不断碰撞，产生一个较低的基本频率，并激励膜片 4 与共鸣板 5 产生共鸣，从而发出比基本频率强且分布比较集中的谐音。

为了得到较为和谐悦耳的声音，在汽车上一般装有高、低音两个电喇叭。由于电喇叭工作电流较大，为保护电喇叭开关，一般在电喇叭电路中设有电喇叭继电器，电喇叭的应用电路如图 6-17 所示。

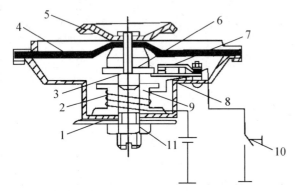

1—底座；2—线圈；3—上铁芯；4—膜片；
5—共鸣板；6—衔铁；7—触点；8—调整螺钉；
9—下铁芯；10—电喇叭开关；11—锁紧螺母

图 6-16　盆形电喇叭的结构图

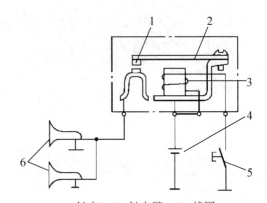

1—触点；2—触点臂；3—线圈；
4—蓄电池；5—电喇叭开关；6—电喇叭

图 6-17　电喇叭的应用电路

当按下电喇叭开关 5 时，线圈 3 通电，产生的电磁力使触点 1 闭合，接通电喇叭 6 电路使电喇叭发声。电喇叭电路为蓄电池正极→熔丝→触点臂 2→触点 1→电喇叭 6→搭铁→蓄电池负极。电喇叭工作电流不经电喇叭开关，从而保护了电喇叭开关。

引导问题 3. 电喇叭电路由哪些部件组成？

电喇叭电路主要由电喇叭、电喇叭开关、电喇叭继电器、熔断器及导线等组成，电喇叭电路的工作原理以宝骏 510 汽车的电喇叭电路为例进行说明，如图 6-18 所示。

电喇叭：按下电喇叭开关，电流由蓄电池正极→电喇叭继电器线圈端→电喇叭开关→搭铁→蓄电池负极形成回路，电喇叭继电器触点端吸合，使电流流经蓄电池正极→电喇叭继电器触点→高、低音电喇叭→搭铁→蓄电池负极，电喇叭工作。

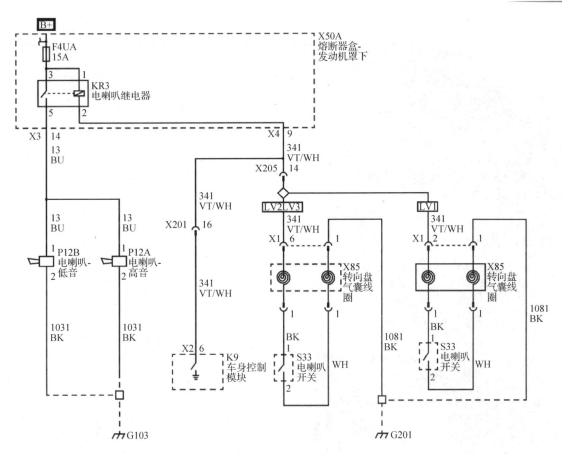

图 6-18　电喇叭示意图

引导问题 4. 电喇叭常见故障及故障原因有哪些？

1. 电喇叭音量小

电喇叭音量小的故障原因是电喇叭触点烧蚀，电喇叭搭铁不良。

2. 电喇叭不响

电喇叭不响的故障原因是熔丝断、电喇叭继电器或电喇叭开关有故障。

二、任务实施

根据图 6-18 完成电喇叭不响故障的检修任务。

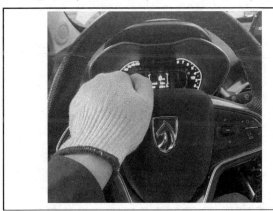

Step1：检查电喇叭是否能够发出响声。

检查结果：＿＿＿＿＿＿＿＿＿＿

	Step2：拔下电喇叭继电器。 操作结果：＿＿＿＿＿＿＿＿＿＿
	Step3：测量电喇叭继电器 85-86 端子电阻。 测量结果：＿＿＿＿＿＿＿＿＿＿
	Step4：更换电喇叭继电器。 操作结果：＿＿＿＿＿＿＿＿＿＿
	Step5：检查电喇叭。 检查结果：＿＿＿＿＿＿＿＿＿＿

三、项目考题与配分评分表

1. 照明系统的检查与维修模拟考题

姓名		学号		班级	
考试开始时间		考试结束时间		总计（分）	
自评：□合格□不合格		组长评：□合格□不合格		教师评：□合格□不合格	教师签字：

考核项目：照明系统的检查与维修实操考核报告

一、车辆信息记录

品牌		整车型号		生产日期	
发动机型号		发动机排量		行驶里程	
车辆识别码					

二、车外灯光功能检查

序号	检查项目	检测数据	检测结果
1	示宽灯		正常□异常□
2	近光灯		正常□异常□
3	远光灯		正常□异常□
4	转向灯		正常□异常□
5	危险警告灯		正常□异常□
6	制动信号灯		正常□异常□
7	倒车灯		正常□异常□

三、对左远光灯不亮故障进行检查与维修

序号	检查项目	检测数据	检测结果
1	左远光灯工作电压		正常□异常□
2	左远光灯灯泡电阻		正常□异常□
3	左远光灯接地线		正常□异常□
4	故障部位的确认与排除		

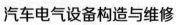

2. 电源系统检查保养配分评分表

评分项	得分条件	评分标准	配分
情意面 （作业安全） （职业操守）	1. 能进行工位 9S 操作（总分 4 分） 　□1.1 整理、整顿（1 分） 　□1.2 清扫、清洁（1 分） 　□1.3 节约、安全（1 分） 　□1.4 服务、满意、素养（1 分） 2. 能进行设备和工具安全检查（总分 5 分） 　□2.1 检查作业所需要的工具设备是否完备，有无损坏（1.5 分） 　□2.2 检查作业环境是否配备灭火器（1.5 分） 　□2.3 检查检测设备的电量是否充足（2 分） 3. 能进行车辆安全防护操作（总分 3 分） 　□3.1 正确安装车辆绝缘翼子板布和格栅垫（1 分） 　□3.2 正确安装车内四件套（1 分） 　□3.3 正确安装后车轮挡块（1 分） 4. 能进行工具量具清洁校准存放操作（总分 3 分） 　□4.1 使用工具前对工具量具进行校准（1 分） 　□4.2 使用工具后对工具量具进行清洁（1 分） 　□4.3 作业完成后对工具量具进行复位（1 分） 5. 能进行三不落地操作（总分 5 分） 　□5.1 作业过程中做到工具不落地（1 分） 　□5.2 作业过程中做到零件不落地（2 分） 　□5.3 作业过程中做到设备不落地（2 分）	依据得分条件进行评分，按要求完成的在□中打√，未按要求完成的在□中打×并扣除对应分数，扣分不得超过 20 分	20 分
技能面 （应用技能） （操作技能）	1. 能正确对车外灯光功能检查（总分 40 分） 　□1.1 能正确打开示宽灯（3 分） 　□1.2 能正确检查示宽灯功能（3 分） 　□1.3 能正确打开近光灯（3 分） 　□1.4 能正确检查近光灯功能（3 分） 　□1.5 能正确打开远光灯（3 分） 　□1.6 能正确检查远光灯功能（3 分） 　□1.7 能正确打开转向灯（3 分） 　□1.8 能正确检查转向灯功能（3 分） 　□1.9 能正确打开危险警告灯（3 分） 　□1.10 能正确检查危险警告灯功能（3 分） 　□1.11 能正确打开制动信号灯（2 分） 　□1.12 能正确检查制动信号灯功能（3 分） 　□1.13 能正确打开倒车灯（2 分） 　□1.14 能正确检查倒车灯功能（3 分） 2. 能正确检查漏电电流（总分 10 分） 　□2.1 关闭用电设备，锁好车门（2 分） 　□2.2 拆下蓄电池负极，连接万用表表笔（2 分） 　□2.3 读取数值，判断是否漏电（2 分） 　□2.4 多功能万用表所选择量程是否符合规格（2 分） 　□2.5 多功能万用表所选择挡位是否符合要求（2 分）	依据得分条件进行评分，按要求完成的在□中打√，未按要求完成的在□中打×并扣除对应分数，扣分不得超过 50 分	50 分

续表

评分项	得分条件	评分标准	配分
作业面 （拆装作业） （维修作业）	能正确对故障部位进行检查（总分30分） □能正确关闭点火开关，拔下左远光灯接插件（5分） □能正确打开远光灯（2分） □多功能万用表所选择挡位是否符合要求（3分） □能正确测量左远光灯工作电压（5分） □能正确关闭点火开关（2分） □多功能万用表所选择挡位是否符合要求（3分） □能正确测量左远光灯灯泡电阻（5分） □能正确测量左远光灯接地线电阻（5分）	依据得分条件进行评分，按要求完成的在□中打√，未按要求完成的在□中打×并扣除对应分数，扣分不得超过30分	30分

课后习题

一、填空题

1. 前照灯的光学组件由_____、_____、_____三部分组成。

2. 汽车外部照明灯主要有_____、_____、_____等，内部照明灯主要有_____、_____、_____等。

3. 前照灯可分为_____、_____、_____、_____、_____。

二、选择题

1. 汽车电喇叭，可按外形分为螺旋形、（　　）和盆形。

　　A．长形　　　　B．筒形　　　　C．短形　　　　D．球形

2. 危险信号报警电路一般由左转向灯、右转向灯、（　　）、危险报警开关等组成。

　　A．转向灯开关　　B．点火开关　　C．蓄电池　　　D．闪光器

3. 汽车前照灯的夜间照明必须保证车前（　　）以内的路面上有明亮且均匀的光照。

　　A．100m　　　　B．50m　　　　C．150m　　　　D．200m

4. 倒车灯的颜色为（　　）色。

　　A．红　　　　　B．黄　　　　　C．白　　　　　D．橙

5. 制动信号灯的颜色为（　　）色。

　　A．红　　　　　B．黄　　　　　C．白　　　　　D．橙

6. 关于某车左前近光灯不亮故障的检修，以下不正确的是（　　）。

　　A．检查灯光开关是否接触良好

　　B．检查相应熔断器是否损坏

　　C．用万用表检测供电及搭铁电路是否良好

　　D．观察该灯的灯泡电丝是否烧断

项目七

汽车仪表与报警系统的结构与检修

 项目概述

汽车仪表用于指示汽车行驶过程中的各种动态指标，以便驾驶员随时了解各系统的工作情况，保证汽车的安全可靠行驶。通过本项目的学习，学生可以熟悉汽车仪表的使用和调整，掌握对故障的检查与排除方法。

 项目目标

知识目标

1. 熟知汽车仪表与报警系统的作用，了解其各自的使用方法。
2. 熟知汽车仪表与报警系统的结构及工作原理。

技能目标

1. 能够分析汽车仪表与报警系统电路。
2. 能够通过分析电路图对典型汽车仪表与报警系统进行检修。

素养目标

1. 提升学生安全环保意识及团队互助意识。
2. 培养学生发现问题、解决问题的能力。

学习任务一 汽车仪表与报警系统的结构

 情景描述

一辆宝骏 510 汽车的行驶里程为 38000km，车主报修称发动机启动后，机油压力报警灯

常亮，车辆在半个月前更换了机油，其他性能正常。维修技师通过初步诊断，确定报警是由机油压力报警灯线路故障引起的。如果你是该汽车的维修技师，应如何排除该故障？

一、知识链接

引导问题 1. 汽车组合仪表的作用是什么？

汽车组合仪表的作用如下。

组合仪表是人与汽车的交互界面，为驾驶员提供所需的汽车运行参数（如车速、发动机转速、发动机温度、油箱内的燃油量等）、故障（如发动机故障、制动系统故障、发电机充电故障等）、里程等信息，是每辆汽车必不可少的部件。组合仪表的直观性与美观性，不仅使驾驶成为代步之必需，还提升了驾驶的舒适性，成为现代生活的一部分。参数传递的准确性与可靠性直接关系到汽车行驶的安全。现代组合仪表最突出的特点是功能的模块化。通常组装一块仪表，只需将几个功能模块在定制 PCB 的基础上联合起来，就可以得到一个完整的系统。目前，汽车组合仪表以指针式仪表为主，各个表头（最常见的有车速表、转速表、温度表、燃油表）都是独立的模块，提示/报警指示灯则由 PCB 上的灯泡或发光二极管实现。

图 7-1 所示为宝骏车用组合仪表，仪表板上有燃油表、冷却液温度表、车速里程表、发动机转速表，以及发动机冷却液温度过高、机油压力不足、制动系统等报警灯和转向、充电、远光等指示灯。

图 7-1　宝骏车用组合仪表

引导问题 2. 汽车仪表的分类主要有哪些？

汽车仪表按其结构原理的不同可大致分为三代。第一代汽车仪表是机械式仪表；第二代汽车仪表是电气式仪表；第三代汽车仪表是全数字仪表。

1. 机械式仪表

图 7-2 所示的机械式仪表与现在的仪表相比已较为落后，里程表走数通过滚轮计数器来显示，这种仪表现在已经被逐步淘汰了。

图 7-2　机械式仪表

2. 电气式仪表

如图 7-3 所示，电气式仪表是目前较为普及的一种仪表。车速和转速用指针表示，而其他信息则采用液晶屏来显示，如油耗、车内外温度、续航里程等。

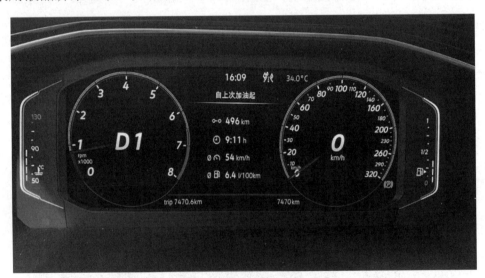

图 7-3　电气式仪表

3. 全数字仪表

如图 7-4 所示，全数字仪表是一种网络化、智能化的仪表，其功能更加强大，显示内容更加丰富，线束链接更加简单，更全面、更人性化地满足了驾驶需求。

全数字仪表使用一整块液晶屏取代了传统的指针和刻度表，使所有信息都通过这块屏幕显示出来。目前，汽车全数字仪表使用的显示器主要有发光二极管显示器（LED）、荧光屏显示器（VED）和液晶显示器（LCD）三种，其分为发光型和非发光型。发光型显示器自身发光，容易获得鲜艳的流行色显示，但在阳光的直射下，必须有足够的发光亮度，而在夜间必须加以控制，否则会因太亮造成驾驶员眩目。非发光型显示器靠反射环境光显示，在明亮的外光条件下能获得鲜明显示，但在夜间或光线暗的场所，必须借助照明光源。

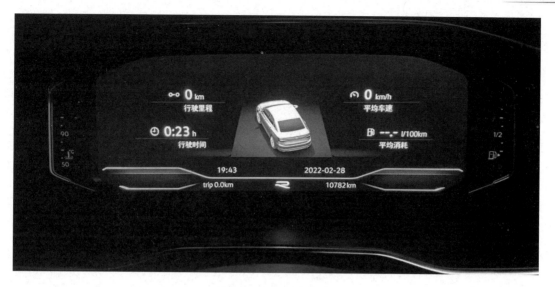

图 7-4　全数字仪表

与电气式仪表相比，全数字仪表具有以下优点。

（1）能提供大量的、复杂的信息。例如，汽车故障诊断、导航地图显示、交通信息服务等。

（2）检测和显示的精确度高。

（3）具有一表多用的功能。全数字仪表采用数字分时显示，可以在仪表的同一个区域根据车辆的运行情况或驾驶员的需求显示不同信息，如汽车电控系统的故障信息、轮胎压力检测信息、保养提示信息；还可以根据车辆的运行状况显示总行驶里程、日行驶里程、车辆油耗、续航里程等信息。

引导问题 3．汽车仪表的结构与工作原理是什么？

（1）机油压力表。

机油压力表（油压表）是用来检测和显示发动机主油道内机油压力的装置，由装在仪表板上的油压指示表和装在发动机主油道中或粗滤器上的机油压力传感器两部分组成。机油压力是决定发动机能否运转的重要因素。发动机机油压力偏低会造成发动机轴承烧毁，严重缺油会使发动机出现过热和气缸拉缸等故障，机油压力是监视发动机在运转时的重要信息。目前，进口汽车基本上取消了机油压力表，而用机油压力报警灯代替，大多数国产汽车同时装有机油压力表和机油报警灯。

机油压力表按其工作原理可分为双金属式机油压力表（配双金属式传感器）、电磁式机油压力表（配可变电阻式传感器）和动磁式机油压力表（配可变电阻式传感器）三种。其中，双金属式机油压力表由于其结构简单、成本较低，应用较为广泛。双金属式机油压力表的结构与工作原理如图 7-5 所示。

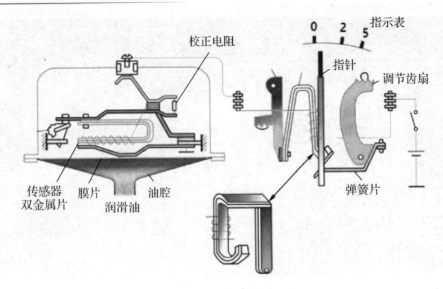

图 7-5　双金属式机油压力表的结构与工作原理

　　当电源开关接通时，电流经指示表双金属片的加热线圈后，一路经过传感器双金属片的加热线圈，另一路经过校正电阻。电流流过双金属片上面的加热线圈，使双金属片受热变形。如果油压很低，则传感器中的膜片几乎没有变形，这时作用在触点上的压力变小。电流通过不久，温度略有上升，双金属片就会弯曲，使触点分开，从而切断电路。

　　经过一段时间后，双金属片冷却并伸直，触点闭合，电路被接通。但不久后触点分开，如此循环，开闭频率为每分钟 5～20 次。因此当油压较低时，只要有较小的电流流过加热线圈，温度略升高，触点就会分开，这样使触点分开的时间长、闭合的时间短，因而电路中电流的有效值小，使指示表双金属片因温度较低而弯曲的程度小，指针向右偏移角度小，指示较低油压。当油压增高时，膜片向上拱曲，加在触点上的压力增大，双金属片向上弯曲的程度增大，这样只有在双金属片温度较高时，也就是加热线圈通过较大的电流、较长的时间后，触点才能分开，而且当触点分开不久，双金属片稍一冷却，触点又很快闭合。因此，当油压高时，触点断开状态的时间缩短，频率增高，绕于双金属片上的加热线圈的电流有效值增大，使双金属片向右弯曲的程度增大，指针指示较高油压。

　　（2）冷却液温度表。

　　冷却液温度是发动机能正常运转、减小机件磨损及发动机混合气正常燃烧的重要保证。发动机冷却系统有一套控制机构，使发动机快速升温，并将温度保持在一定工作范围内，同时，通过冷却液温度表来指示冷却液温度的高低。汽车中散热风扇电动机的工作及冷启动喷油器的工作均要靠温控开关来控制。

　　① 电热式冷却液温度表及双金属片式传感器。

　　图 7-6 所示为电热式冷却液温度表及双金属片式传感器，右边的电热式冷却液温度表的结构与电热式机油压力表的结构完全一样，它们的工作原理也一样。左边是双金属片式传感器，双金属片上绕有加热线圈。传感器安装在发动机水道上。当发动机温度高时，双金属片上的加热线圈加热时间长才能使固定触点和活动触点分离；当发动机温度低时，双金属片上

的加热线圈加热时间短即可使两触点分离。这样发动机温度高，双金属片上的加热线圈通电时间长，导致双金属片的变形大，双金属片勾动指针的位移大，指针指示出的温度高，反之，指针指示出的温度低。

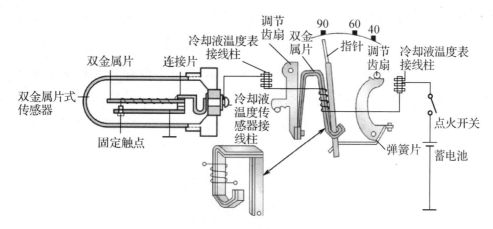

图 7-6　电热式冷却液温度表及双金属片式传感器

② 双金属式冷却液温度表及热敏电阻式传感器。

双金属式冷却液温度表及热敏电阻式传感器如图 7-7 所示。接通点火开关，电流由蓄电池正极经点火开关到达稳压器触点后分为两路，一路经稳压器加热搭铁构成回路，另一路经指示表的加热线圈、热敏电阻等构成回路。当发动机冷却液温度较低时，传感器的热敏电阻阻值大，所以电路中电流有效值小，双金属片弯曲变形小，使指针指示的温度低。当发动机冷却液温度升高时，传感器的热敏电阻阻值变小，电路中电流有效值变大，双金属片弯曲变形增大，使指针指示的温度高。

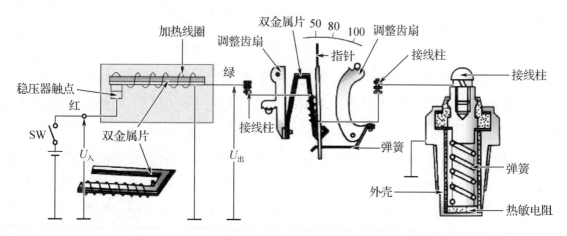

图 7-7　双金属式冷却液温度表及热敏电阻式传感器

（3）温控开关。

① 温控开关的类型与构造。

温控开关主要有两大类：接通型和断路型。

接通型温控开关主要用于发动机散热器上。当发动机温度达到某一值时，温控开关被接通，开关控制的风扇电动机通电，使风扇旋转为散热器排风而冷却散热器；当散热器的温度下降到一定值时，温控开关关闭，风扇电动机停止工作。

断路型温控开关多用于电喷汽车的冷启动喷油系统中，在汽车处于冷车启动时，可以控制冷启动喷油系统向发动机额外喷油，以加大混合气浓度。

一般散热器温控开关有两个温控点，一个温控点是 85℃，另一个温控点是 105℃。低温时风扇电动机会低速旋转，而高温时风扇电动机会高速旋转，以加快散热速度。温控开关一般为双金属片构造，如图 7-8 所示，活动触点臂由温度膨胀系数不同的双金属片连接而成。因为双金属片的膨胀系数不同，所以当温控开关所在环境温度升高时，活动触点臂向右弯曲。当温度达到一定值时，两触点接触，A、B 接线柱接通；反之，当温度下降时，两触点分离，AB 接线柱断路。

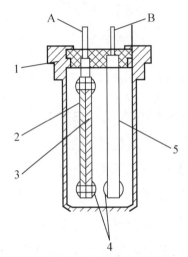

1—外壳；2—双金属片；3—加热管；4—活动触点臂；5—感温管；A、B—接线柱

图 7-8　温控开关

断路型温控开关的构造与接通型温控开关的构造基本相同，区别是常温时两触点接触，活动触点臂双金属片的位置是相反的，即温度膨胀系数较大的金属片在内侧，温度膨胀系数较小的金属片在外侧，当温控开关所处环境的温度升高到一定值时，两触点分离，使 A、B 接线柱断路。

冷启动喷油系统由断路型温控开关控制。当冷车启动时，由于发动机温度低，温控开关处于接通状态，因此冷启动喷油系统工作；当发动机温度升高到一定值时，温控开关断路，冷启动喷油系统停止喷油，既降低了油耗，又避免了在热车时发动机因混合气的混合比过高而难以启动。

② 温控开关及热敏电阻式传感器的检查。

当汽车发动机温度高而风扇电动机不转动时，应首先检查温控开关是否正常工作。当有冷启动喷油系统的汽车冷车启动困难而冷喷油又不工作时，也应先检查温控开关。

检测热敏电阻式传感器的方法就是将热敏电阻式传感器置于有一定温度要求的盛水器皿内，用万用表的欧姆挡测量温控开关的导通情况，如图 7-9 所示。

单体检测热敏电阻式传感器的阻值

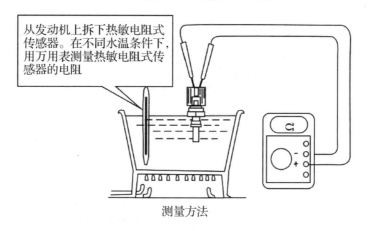

从发动机上拆下热敏电阻式传感器。在不同水温条件下，用万用表测量热敏电阻式传感器的电阻

测量方法

图 7-9　检测热敏电阻式传感器的方法

（4）燃油表及传感器。

燃油表是指示油箱剩余油量的仪表，有铁芯电磁式和电热式两种，它们的工作原理与冷却液温度表的工作原理类似。燃油表由装在仪表板上的燃油指示表和装在油箱内部的传感器配合工作。燃油指示表有电磁式和电热式两种，现代车辆多采用电热式燃油指示表配合的可变电阻式传感器来测量和显示油箱油量，电热式燃油指示表的结构原理图如图 7-10 所示。

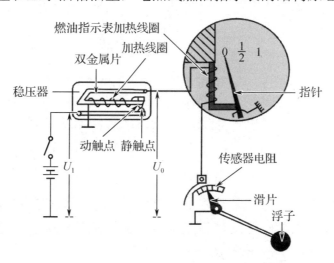

图 7-10　电热式燃油指示表的结构原理图

当油箱无油时，传感器中的浮子处于最低位置，此时接通点火开关，电流流向为蓄电池正极（＋）→点火开关→稳压器触点→稳压器双金属片→燃油指示表加热线圈→传感器电阻→滑片→搭铁→蓄电池负极（－）。

由于传感器电阻全部串入电路中，流过燃油指示表加热线圈的电流很小，所以双金属片几乎不变形。指针指在 0 位，表示油箱无油。

当油箱中的油量增加时，传感器中的浮子上浮，滑片移动，使接入电路电阻的阻值变小，于是流入加热线圈的电流增大，双金属片受热而带动指针向 1 方向摆动，指示油量的多少。

（5）车速里程表。

车速里程表包括车速表和里程表两个计量表，主要测试汽车行驶速度和汽车行驶里程。根据指针的摆动情况，车速里程表可分为摆针式车速里程表和液晶显示式车速里程表。摆针式车速里程表又可分为磁感应式车速里程表和电传动动圈式车速里程表。

① 摆针式车速里程表。

a. 磁感应式车速里程表。

磁感应式车速里程表的结构和原理图如图 7-11 所示。

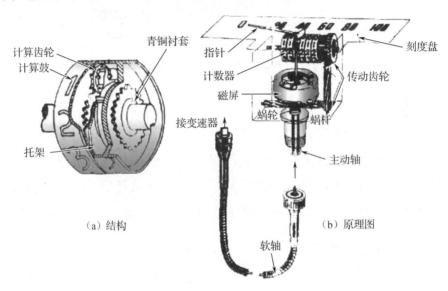

图 7-11　磁感应式车速里程表的结构和原理图

磁感应式车速里程表不需要电路连接，而是由汽车的变速器或分动器经软轴驱动仪表的主动轴进行驱动。

汽车行驶时，主动轴带动 U 形永久磁铁旋转，在感应罩上产生涡流，涡流受永久磁铁作用产生转矩，驱动感应罩克服盘形弹簧弹力进行同向偏转，从而带动指针在刻度盘上指示相应的车速值。车速越快，永久磁铁旋转得越快，感应罩上的涡流转矩越大，感应罩带动指针偏转的角度越大，指示的车速值也越大。

磁感应式车速里程表的主动轴旋转带动三套蜗轮、蜗杆按一定传动比传动，从而逐级带动数字轮转动，计数器采用十进制计数。计数器右边数字轮每旋转一周，相邻的左边数字轮指示的数字便自动加 1，从右往左其单位依次为 1/10km、1km、10km、……。

汽车停止时，永久磁铁及蜗轮、蜗杆均停止转动，感应罩上的涡流转矩消失。在盘形弹簧作用下使转速表指针回到 0 位，同时里程表停止计数。

注意：车速里程表的指示值直接受车轮半径的影响，不同半径车轮车辆的车速里程表不能互换使用。

b. 电传动动圈式车速里程表。

磁感应式车速里程表通过软轴将变速器的车速里程情况传递到仪表上，而电传动动圈式车速里程表靠电功原理把变速器的车速里程情况传递到仪表上。

图7-12所示为电传动动圈式车速里程表。变速器上的车速传感器其实是一台小型发电机，变速器带动永久磁铁旋转，永久磁铁是转子，在转子的周围有线圈绕成的定子，转子转速的快慢决定了定子线圈生成的交流电压的大小。把传感器生成的交流电经二极管整流变成直流电，输出的直流电经电阻线圈通过游丝到动圈产生磁场，动圈的磁场和永久磁铁的磁场产生力矩，推动动圈沿顺时针方向转动。动圈上安装有指针，这样车速越快，传感器发出的电压越高，动圈旋转的角度越大。在游丝的作用下，指针平衡在一定的位置上，车速越慢，指针偏移的角度越小，这就是电传动动圈式车速里程表的工作原理。

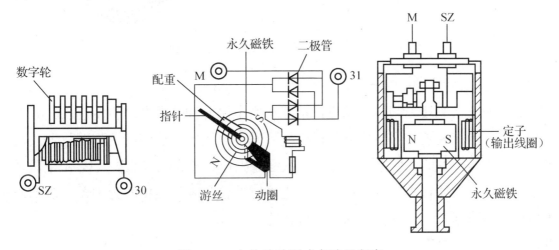

图 7-12　电传动动圈式车速里程表

计数器由永久磁铁不断地吸引和断开，以推动启动叉，启动叉不断拨动6个数字轮组成里程表，而永久磁铁电源的接通和断开由断电器控制，断电器和微型发电机都装在传感器中。

② 液晶显示式车速里程表。

现代中高端车型普遍采用液晶显示式车速里程表，机械式车速里程表已逐渐被淘汰。

工作原理：在汽车变速器的输出部分装有一个磁脉冲式的传感器，其通过磁场的变化使传感器磁感应线圈产生脉冲电压信号，信号经中心处理器放大、整理后经执行器在显示屏上显示车速。里程表也是根据传感器的脉冲电压信号次数经中心处理器的运算、比较得出汽车的行驶里程数，从而显示在液晶屏上的。这种设备的控制精度高、科技含量大，目前还不能在所有汽车上推广。

（6）发动机转速表。

发动机转速表用来获得发动机转速信号。获得转速信号的方法有两种：一种是利用气缸点火时点火线圈的点火次数算出发动机转速；另一种是利用曲轴（或飞轮）上安装的电磁脉冲信号传感器来测定发动机转速。

① 点火信号发动机转速表。

图7-13所示为点火信号发动机转速表电路接线原理图。转速表的信号取自点火线圈初级

绕组上电流通断的脉冲信号，这些脉冲信号先经脉冲整形电路整形，再通过频率/电压转换器将频率信号转换成直流电压信号，且该电压会随点火频率的升高而增大，最后，经过转换的电流通过直流毫安表显示出来，这就是点火信号变换成发动机转速信号的原理。

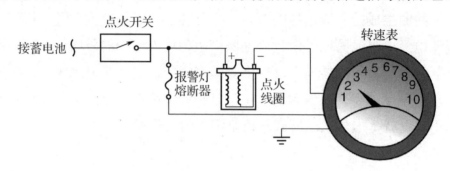

图 7-13　点火信号发动机转速表电路接线原理图

② 电磁脉冲信号发动机转速表。

无论是汽油发动机还是柴油发动机，都能使用电磁脉冲信号发动机转速表。其工作原理为：在发动机曲轴上安装信号感应盘，或者利用发动机飞轮在感应盘的相对位置安装电磁脉冲传感器。传感器产生的交变电压信号会依次经过整形、放大、整流以及频率/电压转换，最后通过毫安表，制成摆针式转速表；也可将电磁脉冲信号发送至中心处理器（ECU）→执行器在液晶显示屏或真空荧光管上显示发动机转速。

（7）冷却液温度报警灯。

冷却液温度报警灯主要是当冷却液温度不正常时，发出灯光信号，以示警告，如图 7-14 所示。其传感器与冷却液温度传感器相似，由双金属片作为温度敏感元件，双金属片开关组成一个单刀双掷开关。当冷却液温度低于 60℃时，开关电路经绿色指示灯搭铁，绿色指示灯亮，向驾驶员提供发动机过冷的警告，使驾驶员不至于突然加速。随着冷却液温度的升高，双金属片开关脱离"冷"和"热"触点之间的某一位置。当冷却液温度超过 95℃时，双金属片开关向"热"触点闭合，红色指示灯亮，表示发动机过热。

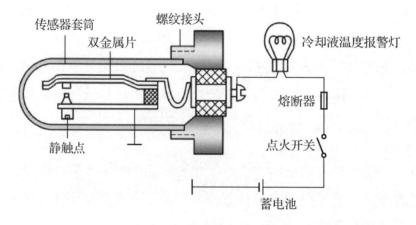

图 7-14　冷却液温度报警灯

（8）机油压力报警灯。

机油压力报警灯用于提醒驾驶员关注发动机机油压力异常情况。弹簧管式机油压力报警灯如图 7-15 所示，其传感器为盒式传感器，内有管形弹簧，一端与管接头相连，另一端与动触点相连，静触点与接线柱经接触片相连。当机油压力低于 0.05MPa 时，管形弹簧变形很小，动触点和静触点闭合，弹簧管式机油压力报警灯电路接通，弹簧管式机油压力报警灯亮；当机油压力高于 0.09MPa 时，动触点和静触点分电路断开，弹簧管式机油压力报警灯熄灭。

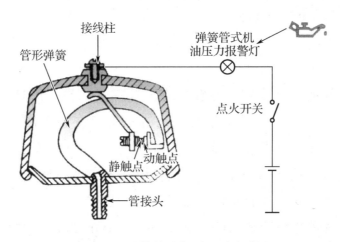

图 7-15　弹簧管式机油压力报警灯

（9）充电指示灯。

充电指示灯用于反映蓄电池和发电机的工作状态，当蓄电池放电时，充电指示灯亮；当发电机的电压达到正常充电电压时，充电指示灯熄灭。如果正常行驶时，充电指示灯亮，则可以提醒驾驶员充电系统功能有故障。图 7-16 所示为电子式充电指示灯电路图，接通点火开关后，当发电机不发电时，充电指示灯亮；当发电机电压达到正常充电电压时，充电指示灯熄灭，表示发电机正常发电。

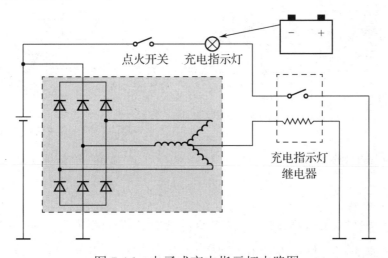

图 7-16　电子式充电指示灯电路图

（10）燃油低液位报警灯。

燃油低液位报警灯的作用是当油箱内燃油减少到规定值以下时，该报警灯会在仪表板上亮起，提醒驾驶员补充燃油。常用的燃油低液位报警灯有以下两种类型。

① 热敏电阻式燃油低液位报警灯。

图7-17所示为热敏电阻式燃油低液位报警灯。当油箱存量多时，热敏电阻浸在燃油中，由于燃油散热快，热敏电阻温度低、阻值大，此时电路中电流很小，报警灯不亮。当燃油减少到规定值以下时，热敏电阻露出油面，散热变慢，导致其温度升高、阻值减小，电路电流增大，报警灯亮，以示警告。

② 可控硅式燃油低液位报警灯。

热敏电阻式燃油低液位报警灯需要额外增加传感器，且工作时一直有电流通向油箱，存在安全风险。可控硅式燃油低液位报警灯与汽车上已有的燃油液位表和传感器一起工作，是一种新颖的燃油低液位报警灯设计，它适用于双金属片式燃油表，如图7-18所示。每当燃油表的电压调节器输送一个脉冲时，在传感器的可变电阻上就会出现一个与燃油液位成比例的电压。当燃油液位下降时，控制极上的脉冲振幅增大，R_1用来调整可控硅的导通脉冲电平，使其与燃油表读数匹配。当脉冲振幅达到导通电平时，可控硅导通，报警灯点亮。随之可控硅阳极电位下降而截止，报警灯电路断开（闪光灯熄灭），等待下一个脉冲。如此反复，直到油箱内加油以后，控制极上的脉冲振幅减小，可控硅无法导通，报警灯才停止工作。

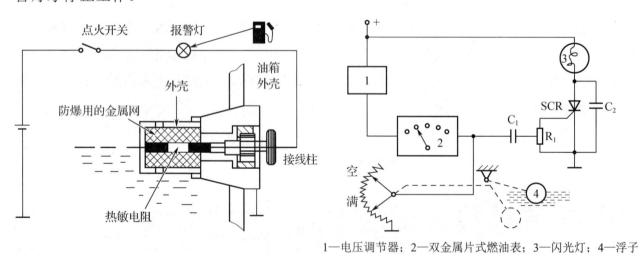

1—电压调节器；2—双金属片式燃油表；3—闪光灯；4—浮子

图7-17　热敏电阻式燃油低液位报警灯　　　　图7-18　可控硅式燃油低液位报警灯

（11）制动液液面报警灯。

制动液液面报警灯的作用是当制动液液面过低时，发出报警信号，防止制动效能下降而出现事故。制动液液面报警灯电路由传感器和报警灯组成。其中，传感器安装在制动液储液罐内，用于实时监测液面高度变化。制动液液面报警灯的结构如图7-19所示。

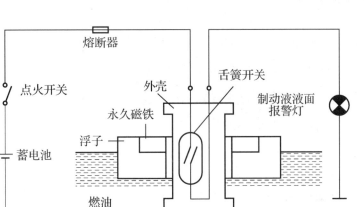

图 7-19　制动液液面报警灯的结构

弹簧开关外壳装有舌簧开关，舌簧开关的两个接线柱分别与报警灯、电源相连，同时在浮子上装有永久磁铁。

当制动液充足时，浮子的位置较高，此时永久磁铁高于舌簧开关的位置，舌簧开关处于断开状态，报警灯电路断开，报警灯不亮。当浮子随着液面下降到规定值以下时，永久磁铁接近舌簧开关，吸引舌簧开关使之闭合，接通报警灯电路，报警灯点亮报警。

二、任务实施

1. 仪表组成

查阅资料对照实物，将图 7-20 所示仪表的名称填写到下面横线上。

图 7-20　仪表实物图

仪表总成内部由以下部件组成：

（1）指针式仪表有_____、_____、_____、_____等。

（2）指示灯有_____、_____、_____、_____、_____等。

（3）信息显示器有_____、_____、_____、_____、_____等。

（4）设置按键有_____。

2. 对照图7-21，将铁芯电磁式燃油表的工作原理填写完整

接通点火开关，电源的电流经左线圈后分为两条支路，一条支路经右线圈后搭铁，另一条支路经油面高度传感器的可变电阻搭铁。转子连同指针在两个_____的作用下偏转，处于合成磁场的方向，当油箱中油面高时，油面高度传感器的电阻大，流过左线圈的电流小，产生的磁场弱，在合成磁场的作用下指针指向油面高的刻度。

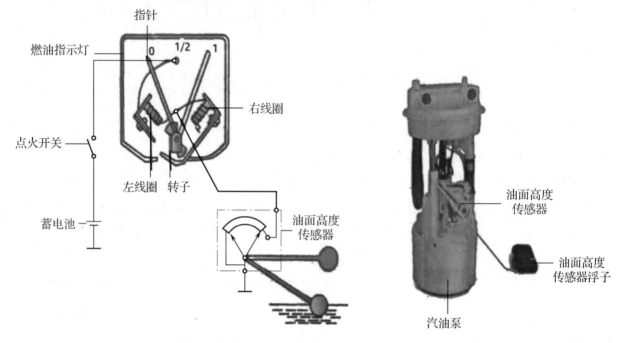

图 7-21　铁芯电磁式燃油表

学习任务二　汽车仪表与报警系统的检修

 情景描述

车主刘先生来到汽车4S店反映，他的机油压力报警灯总是被点亮，为了正确检修汽车故障，作为汽车维修技师必须全面熟悉汽车仪表与报警系统的结构与工作原理。

一、知识链接

引导问题 1. 仪表技术状况检查项目有哪些？

组合仪表警告灯检查内容如下。

（1）指示灯：平时开车最常见的指示灯，如灯光信号灯、转向信号灯、驻车灯等，它们的作用是提示车辆各功能的状况。

（2）警示灯：具有警示功能，如燃油指示灯、车门状态指示灯、安全带指示灯等。一般

警示灯在驾驶员进行相应动作后熄灭，如安全带指示灯，当系上安全带后，安全带指示灯会熄灭。

（3）故障指示灯：最重要的指示灯，如发电机故障指示灯、变速箱故障指示灯等。这些故障指示灯平时很少被点亮，或者在启动发动机时，被点亮片刻后熄灭，假如故障指示灯常亮，并且伴有警告声，表明车辆已经出现故障或异常。

引导问题 2. 仪表的拆装注意事项有哪些？

（1）汽车仪表板工作环境的一般温度为-35～+80℃；湿度为≤90%。

（2）电气接线应按线路图操作，同时应注意电气系统电压是否正确；此外，各仪表的接地端应用单独的引线接入蓄电池，不得与整车接地端共用。

（3）当仪表板上的故障报警指示灯点亮时，应立即停车检查。

（4）仪表板上的各表应与相应规格的传感器配套使用。

（5）拆装过程中不要带电作业，以免损坏仪表。

（6）避免将仪表长期放置在结露、盐雾、酸性气体、氧化气体环境中。

引导问题 3. 仪表的常见故障有哪些？

1. 组合仪表不亮

导致组合仪表不亮的可能原因如下。

① 开启条件不符合。

② 灯泡总成损坏。

③ 仪表电源故障。

④ 输出线路故障。

⑤ 仪表本身故障。

借助诊断仪的特殊功能指令，可以判断组合仪表灯泡、电源、车身控制模块（BCM）及其线路是否存在故障。

利用诊断仪读取仪表模块信息，可以判断网络是否正常，仪表模块电路如图 7-22 所示。

2. 组合仪表控制原理

（1）电源电路：蓄电池正极 B+→发动机舱盖下熔断器盒 F105UA（60A）→连接器 X205/3 线束→仪表板熔断器盒 F10D（10A）→组合仪表连接插头 17#引脚。

（2）IG 电源电路：蓄电池正极 B+→点火开关（IGN II/III）→仪表板熔断器盒 F23D（10A）→组合仪表连接插头 18#引脚。

（3）搭铁电路：蓄电池负极→车身搭铁 G201→组合仪表连接插头 21#、24#、30#引脚。

（4）数据通信电路：组合仪表连接插头 31#和 32#引脚通过 CAN 总成进行数据传输。

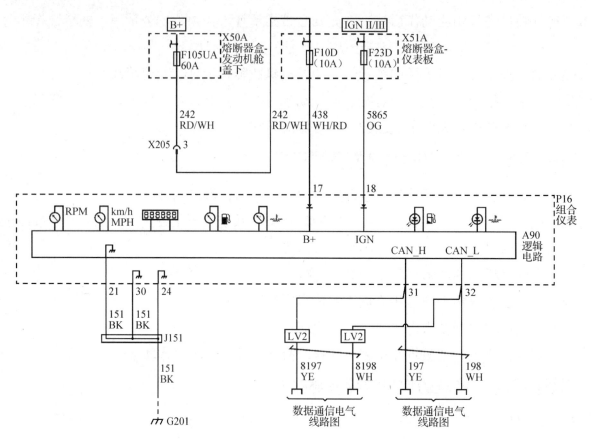

图 7-22 仪表模块电路

3. 电路/系统测试

（1）将点火开关置于 OFF 位置，断开蓄电池负极接线。

（2）断开 P16 组合仪表线束连接器。

（3）连接蓄电池负极接线。

（4）组合仪表 B+供电电路检查。测试 P16 组合仪表线束连接插头 17#引脚与搭铁之间的电压是否为蓄电池电压。

——否，测试电路开路/电阻过大故障。

——是，执行下一步诊断操作。

（5）将点火开关置于 ON 位置。

（6）组合仪表点火电路检查。测试 P16 组合仪表线束连接插头 18#引脚与搭铁之间的电压是否为蓄电池电压。

——否，测试电路开路/电阻过大故障。

——是，执行下一步诊断操作。

（7）将点火开关置于 OFF 位置，断开蓄电池负极接线。

（8）组合仪表搭铁电路检查。测试 P16 组合仪表线束连接插头 21#、24#、30#引脚与搭铁之间的电阻是否小于 1Ω。

——否，测试电路开路/电阻过大故障。

——是，执行下一步诊断操作。

（9）更换组合仪表。在运行故障码的条件下操作车辆。故障码是否不再被设置？

——否，装回原车组合仪表，联系技术工程师。

——是，更换组合仪表。

引导问题 4. 报警灯的常见故障有哪些？

1. 根据图 7-23 所示的发动机机油电路图，分析发动机机油报警灯被点亮的可能原因

① 机油压力过低。

② 机油压力开关故障。

③ 机油压力开关线路故障。

④ 组合仪表本身故障。

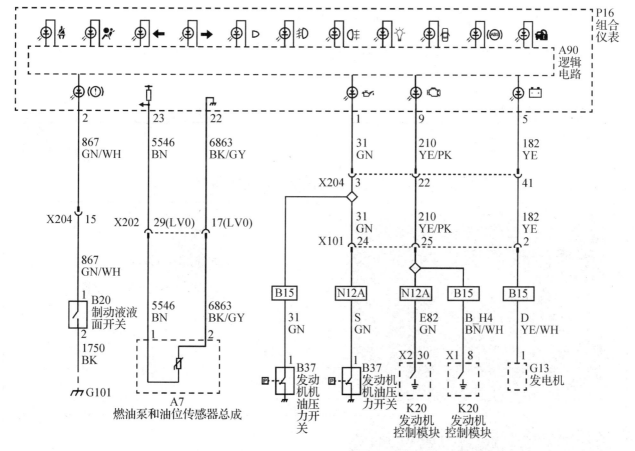

图 7-23　发动机机油电路图

2. 发动机机油报警灯控制原理

控制元件：所有组合仪表灯泡都是控制元件。

（1）报警灯的控制方式。所有灯泡的接地都是直接接地。灯泡的电源来自仪表内部电路，由模块进行供电，其电源性质为常电。

（2）报警灯电路的接地由控制元件单独控制，直接控制接地。

电路/系统测试如下。

① 将点火开关置于 OFF 位置。

② 断开发动机机油压力开关线束连接器。

③ 将点火开关置于 ON 位置。

④ 检查组合仪表供电电路。测试 B37 压力开关线束连接端子 1#引脚与搭铁之间的电压是否为蓄电池电压。

——否，测试电路开路/电阻过大故障。

——是，执行下一步诊断操作。

⑤ 将点火开关置于 OFF 位置。

⑥ 检查机油压力开关。在运行发动机的条件下操作车辆。机油压力开关引线是否与搭铁导通？（发动机未工作时的阻值应小于 1Ω，发动机启动后的阻值应为 ∞）

⑦ 检测发动机机油压力（发动机怠速工作时的机油压力应不低于 0.1MPa）。

——否，装回机油压力开关线束连接器，联系技术工程师。

——是，更换发动机机油压力开关。

二、任务实施

1. 组合仪表的检查

将点火开关置于 ON 位置，检查组合仪表各指示灯是否正常。

	Step1：检查组合仪表指示灯是否被点亮。 具体步骤：将点火开关置于 ON 位置，观察组合仪表指示灯是否被点亮。 检查结果：＿＿＿＿＿＿＿
	Step2：检查点火开关打开 5s 后，仪表自检完成，组合仪表指示灯是否熄灭。 技术要求：将点火开关置于 ON 位置，仪表自检后部分组合仪表指示灯熄灭。 检查结果：＿＿＿＿＿＿＿

续表

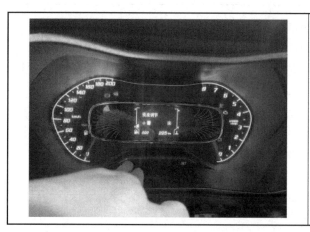

Step3：组合仪表背景灯调节。

技术要求：手动调节组合仪表背景灯开关，检查仪表。

检查结果：_____

2. 检修机油压力报警灯常不亮故障

查阅维修手册，检修机油压力报警灯常不亮故障，完成以下内容。

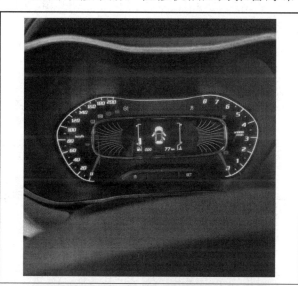

Step1：读取数据流。

具体步骤：①将点火开关置于 ON 位置；②观察组合仪表机油压力报警灯是否被点亮。

技术要求：打开点火开关，发动机不启动时，机油压力报警灯被点亮，启动发动机后，机油压力报警灯熄灭。

检查结果：_____

Step2：检测线路。

具体步骤：①将点火开关置于 OFF 位置，先拔下机油压力开关线束插头，再将点火开关置于 ON 位置；②使用数字万用表电压挡对机油压力开关线束端进行测量，该电压应为蓄电池电压。

技术要求：使用检测线将机油压力开关信号线与发动机壳体短接，若组合仪表机油压力报警灯能正常工作，则表示仪表正常；若组合仪表机油压力报警灯不亮，则表示仪表故障，应检查或更换仪表。

检查结果：_____

续表

Step3：检测机油压力开关。

具体步骤：①将点火开关置于 OFF 位置，拔下机油压力开关线束插头；②使用数字万用表电阻挡对机油压力开关进行测量，机油压力开关引线与发动机壳体应导通。

技术要求：发动机不启动时，机油压力开关引线与发动机壳体应导通，启动发动机后，机油压力开关引线与发动机壳体应不导通，否则应检查或更换机油压力开关。

检查结果：_____

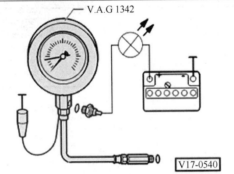

Step4：检测机油压力。

具体步骤：①拆下机油压力开关，接上油压表；②启动发动机，检查机油压力。若机油压力正常，则说明机油压力开关故障，应更换；若机油压力不正常，则说明润滑系统故障，应检修润滑系统。

技术要求：发动机怠速工作时的机油压力应不低于 0.1MPa。

操作结果：_____

三、项目考题与配分评分表

1. 组合仪表系统检查保养模拟考题

姓名		学号		班级	
考试开始时间		考试结束时间		总计（分）	
自评：□合格□不合格		组长评：□合格□不合格		教师评：□合格□不合格	教师签字：
考核项目：组合仪表系统检查保养实操考核报告					

一、车辆信息记录

品牌		整车型号		生产日期	
发动机型号		发动机排量		行驶里程	
车辆识别码					

二、组合仪表性能检测

序号	检查项目	检测数据	检测结果
1	组合仪表背景灯点亮		正常□异常□
2	组合仪表各指示灯点亮		正常□异常□
3	组合仪表各警告灯点亮或熄灭		正常□异常□
4	组合仪表蓄电池指示灯点亮或熄灭		正常□异常□

续表

三、核对组合仪表信息

序号	核对项目	实车信息	制造商信息
1	左侧是时速表		
2	中间是仪表电子小屏		
3	右侧是发动机转速表		
4	仪表背景灯按键		
5	组合仪表设置按键		
分析	组合仪表信息是否符合制造商要求：是□否□		

四、检修组合仪表上的蓄电池指示灯不亮故障

序号	项目	蓄电池电压	蓄电池指示灯
1	不发电时的电压		
2	启动发动机后的电压		
3	查阅组合仪表上的蓄电池指示灯相关线路并分析其工作原理		

2. 组合仪表系统检查保养配分评分表

评分项	得分条件	评分标准	配分
情意面 （作业安全） （职业操守）	1. 能进行工位 9S 操作（总分 4 分） 　□1.1 整理、整顿（1 分） 　□1.2 清扫、清洁（1 分） 　□1.3 节约、安全（1 分） 　□1.4 服务、满意、素养（1 分） 2. 能进行设备和工具安全检查 （总分 5 分） 　□2.1 检查作业所需要的工具设备是否完备，有无损坏（1.5 分） 　□2.2 检查作业环境是否配备灭火器（1.5 分） 　□2.3 检查检测设备的电量是否充足（2 分） 3. 能进行车辆安全防护操作（总分 3 分） 　□3.1 正确安装车辆绝缘翼子板布和格栅垫（1 分） 　□3.2 正确安装车内四件套（1 分） 　□3.3 正确安装后车轮挡块（1 分） 4. 能进行工具量具清洁校准存放操作（总分 3 分） 　□4.1 使用工具前对工具量具进行校准（1 分） 　□4.2 使用工具后对工具量具进行清洁（1 分） 　□4.3 作业完成后对工具量具进行复位（1 分） 5. 能进行三不落地操作（总分 5 分） 　□5.1 作业过程中做到工具不落地（1 分） 　□5.2 作业过程中做到零件不落地（2 分） 　□5.3 作业过程中做到设备不落地（2 分）	依据得分条件进行评分，按要求完成的在□中打√，未按要求完成的在□中打×并扣除对应分数，扣分不得超过 20 分	20 分

续表

评分项	得分条件	评分标准	配分
技能面 （应用技能） （操作技能）	1. 能正确对组合仪表系统进行检查和保养（总分 20 分） 　□1.1 能正确检查组合仪表背景灯点亮（3 分） 　□1.2 能正确检查组合仪表各指示灯点亮（4 分） 　□1.3 能正确检查组合仪表各警告灯点亮或熄灭（3 分） 　□1.4 能正确检查组合仪表蓄电池指示灯点亮或熄灭（3 分） 　□1.5 能正确检查蓄电池容量（3 分） 　□1.6 多功能万用表所选择量程是否符合规格（2 分） 　□1.7 多功能万用表所选择挡位是否符合要求（2 分） 2. 能正确检查蓄电池指示灯不亮的原因（总分 20 分） 　□2.1 不启动时的蓄电池电压（6 分） 　□2.2 启动后的蓄电池电压（6 分） 　□2.3 读取数值，判断发电机是否发电（4 分） 　□2.4 多功能万用表所选择量程是否符合规格（2 分） 　□2.5 多功能万用表所选择挡位是否符合要求（2 分）	依据得分条件进行评分，按要求完成的在□中打√，未按要求完成的在□中打×并扣除对应分数，扣分不得超过 40 分	40 分
作业面 （保养作业） （拆装作业） （维修作业）	1. 能正确查询且核对组合仪表的信息（总分 25 分） 　□1.1 能正确检查组合仪表左侧是时速表（5 分） 　□1.2 能正确检查组合仪表中间是仪表电子小屏（5 分） 　□1.3 能正确检查组合仪表右侧是发动机转速表（5 分） 　□1.4 能正确检查组合仪表左下方背景灯按键（5 分） 　□1.5 能正确检查组合仪表右下方仪表设置按键（5 分） 2. 能正确查询蓄电池指示灯不亮的检查方法和标准值（总分 15 分） 　□2.1 能正确检测蓄电池指示灯信号线电压（5 分） 　□2.2 能正确利用检测线控制组合仪表蓄电池指示灯点亮（5 分） 　□2.3 能正确判断发电机是否发电（5 分）	依据得分条件进行评分，按要求完成的在□中打√，未按要求完成的在□中打×并扣除对应分数，扣分不得超过 40 分	40 分

课后习题

一、填空题

1. 机油压力表按其工作原理可分为_____、_____、_____三种。

2. 仪表总成内部指针式仪表常见的有_____、_____、_____、_____。

3. 汽车仪表按其结构原理的不同可大致分为三代_____、_____、_____。

二、选择题

1. 以下指示灯为红色的是（　　　）。

A. 机油压力指示灯　　　　　　　　B. 冷却液温度指示灯

C. 远光指示灯　　　　　　　　　　D. 安全气囊指示灯

2. 仪表的显示方式主要可以分为（　　　）。

    A．指针式　　　　　B．指示灯　　　　　C．液晶显示　　　D．声音提示

3. 启动车辆后，红色指示灯点亮，说明（　　　）。

    A．提醒车辆出现故障

    B．可能会导致某些功能异常，但不会导致车辆严重损坏和乘客损伤

    C．可能导致车辆严重损坏，可能导致乘客损伤

    D．可能导致车辆严重损坏，但不会导致乘客损伤

4. 根据指针的摆动情况，车速里程表可分为（　　　）和液晶显示式车速里程表。

    A．机械式里程表　　B．电子式里程表　　　C．摆针式车速里程表

三、简答题

1. 行驶过程中仪表出现发动机故障灯被点亮，应如何处理？

2. 制动系统故障灯被点亮的应对措施是什么？

3. 简述发动机转速表常见故障诊断与排除方法。

4. 蓄电池指示灯的工作原理是什么？

项目八

辅助电气系统的结构与检修

 项目概述

　　辅助电气系统因使用、维护及寿命等原因，常常会出现无法工作、工作性能不良等故障。为了合理使用辅助电气系统，提高使用方便性与舒适性，必须了解常用辅助电气系统的结构原理，熟悉其正确的使用与维护方法，并掌握常见故障的检修方法。

 项目目标

知识目标

　　1. 了解常用辅助电气设备的安装位置。

　　2. 掌握辅助电气设备的作用、结构及工作原理。

　　3. 熟悉辅助电气系统的电路分析方法。

　　4. 掌握典型辅助电气设备的常见故障及其诊断与排除方法。

技能目标

　　1. 能掌握辅助电气系统的结构原理。

　　2. 能通过识读电路图分析和解决故障。

　　3. 能正确查阅相关车型的维修电路图。

素养目标

　　1. 提升学生安全环保意识及团队互助意识。

　　2. 培养学生发现问题、解决问题的能力。

　　3. 培养学生专业、专注的精神。

　　4. 培养学生千锤百炼、一丝不苟、精益求精的工匠精神和职业自信的能力。

学习任务一　风窗玻璃刮水器和洗涤器的结构与检修

情景描述

一辆宝骏汽车的风窗玻璃刮水器与洗涤器不工作，这给车主带来了雨天行车困扰和安全隐患。车主将车送至某宝骏 4S 店维修，如果你是维修技师，请你对该故障车进行检修。你是如何利用课本中的知识指导维修的呢？

一、知识链接

引导问题 1. 风窗玻璃刮水器的结构及工作原理是什么？

风窗玻璃刮水器包括前风窗玻璃刮水器和后风窗玻璃刮水器，按驱动方式划分，主要有真空刮水器、气动刮水器和电动刮水器三种类型。其中，电动刮水器因其动力大、不受发动机工况影响、易控制等优点，在汽车领域得到广泛应用。

（1）电动刮水器的结构。

电动刮水器主要由直流电动机和传动装置组成，如图 8-1 所示。电动机的旋转运动通过蜗杆、蜗轮、拉杆和摆杆等杆件，转化为摆臂的往复摆动，使摆臂上的刮水片实现刮水动作。

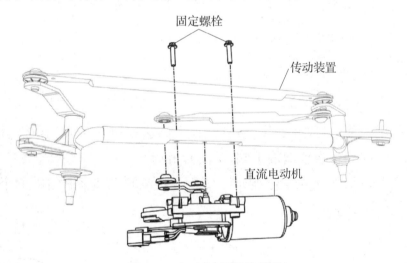

固定螺栓

传动装置

直流电动机

图 8-1　电动刮水器的结构

（2）电动刮水器的变速原理。

电动刮水器的变速是利用直流电动机的变速原理来实现的，主要通过改变电动机磁极磁通量的强弱，或者调整两电刷之间的绕组数来达成变速效果。

① 改变电动机磁极磁通量的强弱。

改变电动机磁极磁通量强弱的方法只适用于线绕式直流电动机，线绕式电动刮水器的工作原理图如图 8-2 所示。

当刮水器开关在"Ⅰ"位置（低速）时，电流由蓄电池正极先经电源开关 8→熔断器 7→接线柱②→接触片 9，然后分成两路：一路通过接线柱③→串励绕组 1→电枢 2→蓄电池负极形成回路；另一路通过接线柱④→并励绕组 3→蓄电池负极形成回路。此时，串励绕组和并励绕组共同作用，使磁场增强，电动机低速运转。

当刮水器开关在"Ⅱ"位置（高速）时，电流由蓄电池正极经电源开关 8→熔断器 7→接线柱②→接触片 9→接线柱③→串励绕组 1→电枢 2→蓄电池负极形成回路。此时，并励绕组 3 被断开，磁场减弱，电动机高速运转。

② 改变两电刷之间的绕组数。

刮水电动机有绕线式和永磁式两种，而改变两电刷之间绕组数的变速方式仅适用于永磁式刮水电动机。永磁式刮水电动机具有体积小、质量轻、结构简单、使用广泛等特点，其主要由永久磁铁、电枢、电刷等组成，其结构如图 8-3 所示。

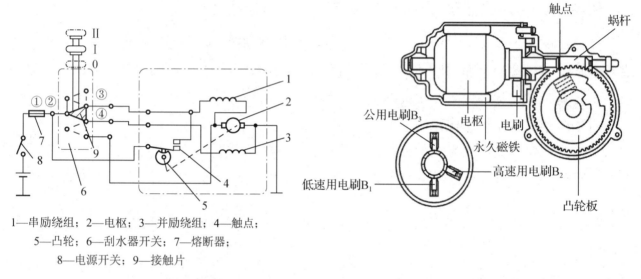

1—串励绕组；2—电枢；3—并励绕组；4—触点；
5—凸轮；6—刮水器开关；7—熔断器；
8—电源开关；9—接触片

图 8-2　线绕式电动刮水器的工作原理图　　　　图 8-3　永磁式刮水电动机的结构

为满足实际使用的要求，刮水电动机有低速、高速和间歇 3 个挡位，且在任意时刻刮水结束后，刮水片均能回到风窗玻璃最下端，即自动回位。

永磁式刮水电动机是利用 3 个电刷来改变正、负电刷之间串联线圈的个数实现变速的，其工作原理图如图 8-4 所示。

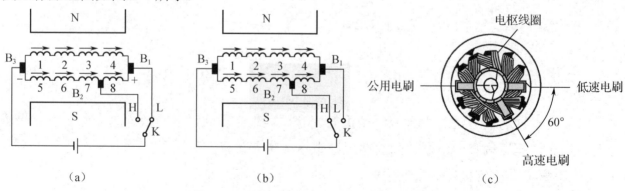

（a）　　　　　　　　　　　（b）　　　　　　　　　　　（c）

图 8-4　永磁式刮水电动机的工作原理图

在图 8-4（c）中，刮水电动机有高速电刷、低速电刷和公用电刷。

在刮水电动机工作时，电枢内会同时产生反电动势，每个小线圈都产生相等的反电动势，其方向与电枢电流的方向相反。若要维持电枢持续转动，外加电压必须克服反电动势。当电动机转速升高时，反电动势增大，只有当外加电压等于反电动势时，电枢的转速才能稳定。

当将刮水器开关拨向 L 低速位置时，如图 8-4（a）所示，蓄电池电压加在电刷 B_1 和 B_3 之间，在电刷 B_1 和 B_3 之间的两条并联支路中，每条支路中各有 4 个线圈串联，反电动势的大小与支路中反电动势的大小相等。由于外加电压需要平衡 4 个线圈所产生的反电动势，故电动机转速较低。

当将刮水器开关拨向 H 高速位置时，如图 8-4（b）所示，蓄电池电压加在电刷 B_2 和 B_3 之间。线圈 1、2、3、4、8 同在一条支路中，其中线圈 8 与线圈 1、2、3、4 的反电动势方向相反，相互抵消后，每条支路等效为 3 个线圈产生反电动势。因为电动机内部的磁场方向和电枢的旋转方向不变，所以各线圈内反电动势方向与低速时相同，但此时外加电压只需平衡 3 个线圈所产生的反电动势，故电动机转速升高。

引导问题 2．风窗玻璃刮水器的电路是如何控制各挡位工作的呢？

1．宝骏 730 风窗玻璃刮水器和洗涤器的电路控制原理图（见图 8-5）

（1）高速挡。当点火开关处于 ON 位置时，如果将刮水器开关拨至高速挡（HI），则 BCM X1/13#引脚变为低电位，BCM 同时控制 X2/19#引脚和 X2/29#引脚接地，风窗玻璃刮水器继电器 KR12B 和风窗玻璃刮水器速度控制继电器 KR12C 的触点都闭合，刮水电动机高速运转。

（2）低速挡。当点火开关处于 ON 位置时，如果刮水器开关拨至低速挡（LOW），则 BCM X1/16#引脚变为低电位，BCM 控制 X2/29#引脚接地，风窗玻璃刮水器继电器 KR12B 触点闭合，刮水电动机低速运转。

（3）间歇挡。当点火开关处于 ON 位置时，如果刮水器开关拨至刮水器间歇挡（INT），则 BCM X1/20#引脚变为低电位，BCM 控制 X2/29#引脚间歇接地（间隔 4s），风窗玻璃刮水器继电器 KR12B 触点间歇闭合，刮水电动机间歇运转。

（4）自动回位。刮水器臂运行到高位时，如果驾驶员关闭刮水器开关到 OFF 位置，为了不使刮水器臂影响驾驶员的前方视线，必须使刮水电动机继续工作，直至刮水器臂运行到低位才停止工作，并且必须保持在低位。

（5）洗涤。当点火开关处于 ON 位置时，如果刮水器开关向上掰动，则 BCM X1/37#引脚变为低电位，BCM 控制 X3/2#引脚接地，BCM 通过 X3/5#引脚供电，洗涤电动机运转。

（6）刮水器联动。在点火开关打开后，如果驾驶员没有打开刮水器开关，只是单纯进行喷水电动机的喷水操作，则 BCM 也会控制风窗玻璃刮水器继电器 KR12B 工作，实现刮水器联动功能。每次喷水后，刮水器工作 3 个循环才停止。

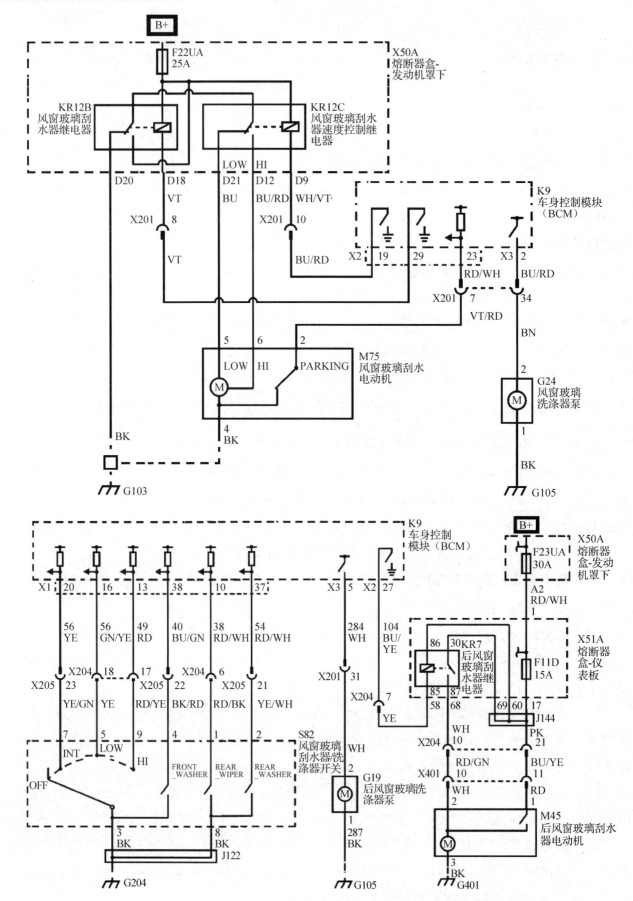

图 8-5 宝骏 730 风窗玻璃刮水器和洗涤器的电路控制原理图

2. 刮水器的检修

刮水器的常见故障有所有挡位均不工作、个别挡位不工作、不能自动停位等。

（1）所有挡位均不工作。

① 故障现象。接通点火开关后，无论将刮水器开关置于哪个挡位，刮水器均不工作。

② 主要原因。熔断器断路；刮水电动机或开关故障；机械传动部分锈蚀或与电动机脱开；连接线路断路或接插件松脱。

③ 诊断与排除。首先检查熔断器，应无断路，线路应无松脱；其次检查刮水电动机及开关的电源线和搭铁线，应接触良好，没有断路；然后检查开关各个接线柱在相应挡位能否正常接通；最后检查电动机和机械传动部分的连接情况。

（2）个别挡位不工作。

① 故障现象。接通点火开关后，刮水器个别挡位（低速挡、高速挡或间歇挡）不工作。

② 主要原因。刮水电动机或开关故障；刮水器继电器故障；间歇继电器故障；连接线路断路或接插件松脱。

③ 诊断与排除。如果刮水器在高速挡或低速挡都不工作，则首先检查刮水电动机及开关对应故障挡位的线路是否正常；然后检查开关接线柱在相应挡位能否正常接通；最后检查电动机个别电刷是否接触不良。

如果刮水器在间歇挡不工作，则应顺序检查间歇开关（或刮水器开关的间歇挡）、线路和间歇继电器。

（3）不能自动停位。

① 故障现象。刮水器开关断开或在间歇挡工作时，刮水器不能自动停止在设定的位置。

② 主要原因。刮水电动机自动停位机构损坏；刮水器开关损坏；刮水器摆杆调整不当；线路连接错误。

③ 诊断与排除。首先检查刮水器臂的安装及刮水器开关线路连接是否正确；然后检查刮水器开关在相应挡位的接线柱能否正常接通；最后检查电动机自动停位机构的触点能否正常闭合，以及是否接触良好。

引导问题 3. 风窗玻璃刮水器的维护及使用时应注意哪些事项？

（1）必须经常检查刮水片，可用清水和中性肥皂水清理刮水片。

（2）检查刮水电动机的固定及各传动杆的连接情况，如有松动，应予以拧紧。

（3）检查刮水片与玻璃的贴附情况。刮水片应无老化、破裂、磨损等损伤，否则应更换。

（4）风窗玻璃刮水器仅可在湿润和清洁的车窗玻璃上使用，否则将损坏玻璃和橡胶刮水片。

（5）检查刮水片的性能，如果刮水片的性能已经变差，则必须更换；刮水片一般每年更换一次。

（6）更换刮水片时，先将旧橡胶条拉出来，再把新橡胶条插进去。注意安装方向不能弄错，同时一定要把固定卡夹安装牢靠，否则橡胶条很容易脱落。

（7）打开刮水器开关，刮水器摆杆应摆动正常。操纵刮水器开关，刮水电动机应以相应的转速工作，否则，应检查刮水电动机及其线路。

（8）检查后，在各运动铰链处滴2～3滴润滑油或涂抹润滑脂，并再次打开刮水器开关，使刮水器摆杆摆动，进而使润滑油或润滑脂均匀分布，并清洁。

引导问题4．风窗玻璃洗涤器的结构及工作原理是什么？

1. 作用

汽车在灰尘较多的环境中行驶时，会有灰尘飘落附在风窗玻璃上，从而影响驾驶员的视线。为此，许多汽车的刮水器中增设了清洗装置，必要时向风窗玻璃表面喷洒专用清洗液或水，在刮水器的配合下，保持风窗玻璃表面洁净。

2. 结构

风窗玻璃洗涤器的结构如图8-6所示，它由储液罐、洗涤泵、输水管和喷嘴组成。

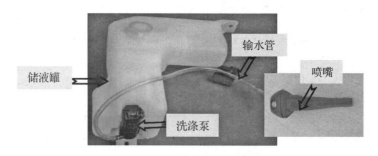

图8-6　风窗玻璃洗涤器的结构

洗涤泵俗称喷水电动机，其作用是将清洗液加压，通过输水管和喷嘴喷洒到风窗玻璃表面。洗涤泵一般由永磁电动机和离心叶片泵组装为一体，其喷射压力可达70～88kPa。洗涤泵的喷嘴安装在风窗玻璃下面，其喷嘴方向可以根据使用情况调整。需注意，洗涤泵的连续工作时间不应超过1min。对于刮水和洗涤分别控制的汽车，应先开启洗涤泵，再接通刮水器。喷水停止后，刮水器应继续刮动3～5次，以便达到良好的清洁效果。

储液罐由塑料制成，其内盛有用水、酒精或洗涤剂等配制的洗涤液。有些储液罐上装有液面传感器，以便监视储液罐中洗涤液的多少。常用的洗涤液是硬度不超过205mg/L的清水。为能刮掉风窗玻璃上的油、蜡等物质，可在水中添加少量的去垢剂和防锈剂。虽然强效洗涤液的去垢效果好，但会使风窗密封条和刮水片胶条变质，还会引起车身喷漆变色，以及储液罐、喷嘴等塑料件出现开裂现象。冬季使用洗涤器时，为了防止洗涤液结冰，应添加甲醇、异丙醇、甘醇等防冻剂，并加入少量的去垢剂和防锈剂，制成低温洗涤液，可使凝固温度下降到-20℃，甚至更低。如果冬季不使用洗涤器，则应将洗涤泵中的水排空。

3. 工作原理

风窗玻璃洗涤器一般和电动刮水器共用一个熔断器，以保障电路安全。在控制开关设置方面，部分汽车将清洗开关独立设置，而有些车型则将其与电动刮水器开关集成，从而提升操作的便捷性。当清洗开关接通时，清洗电动机带动液压泵转动，将清洗液加压，通过输水管和喷嘴喷洒到风窗玻璃表面。

风窗玻璃洗涤器工作过程可参见引导问题2，此处不再详述。

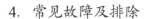

4. 常见故障及排除

风窗玻璃洗涤器的常见故障主要分为所有喷嘴均不工作和个别喷嘴不工作两种。

主要故障原因：清洗电动机或开关损坏；线路断路；清洗液液面过低；连接管脱落；喷嘴堵塞。

诊断步骤：如果所有喷嘴都不工作，则先检查清洗液液面和连接管是否正常；再检查清洗电动机搭铁线和电源线有无断路、松脱问题，并检测开关和电动机是否正常运行。如果仅是个别喷嘴不工作，通常是由喷嘴堵塞导致。

此外，部分汽车配备前照灯清洗装置，其工作原理和常见故障及诊断方法与风窗玻璃洗涤器基本一致。

5. 风窗玻璃洗涤器的检查与调整

（1）检查洗涤器的管路连接情况，若松动或脱落，需重新安装并固定好；若塑料管路出现老化、折断或破裂等情况，应及时进行更换。

（2）检查洗涤器喷嘴，若喷嘴出现脏污，可使用干净的毛刷进行清理；若喷嘴角度不合适，需对其进行调整。

二、任务实施

风窗玻璃刮水器的更换。

	Step1：取出刮水器的防水盖。 操作结果：＿＿＿＿＿＿＿＿
	Step2：拆卸紧固螺母。 操作结果：＿＿＿＿＿＿＿＿

Step 3：取下刮水器臂。

技术要求：用手握住刮水器臂，反复晃动，直至刮水器臂松动即可拆下。

操作结果：_____

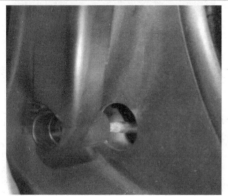

Step 4：同理将另一边的刮水器臂拆下来。

操作结果：_____

Step 5：检查并更换。

操作结果：_____

三、项目考题与配分评分表

1. 风窗玻璃刮水器和洗涤器的检查与检测模拟考题

姓名		学号			
考试开始时间		考试结束时间		总计（分）	
自评：□合格□不合格	组长评：□合格□不合格		教师评：□合格□不合格		教师签字：
考核项目：风窗玻璃刮水器和洗涤器的检查与检测实操考核报告					
一、车辆信息记录					
品牌		整车型号		生产日期	
发动机型号		发动机排量		行驶里程	
车辆识别码					

续表

二、风窗玻璃刮水器和洗涤器的检测

检测项目	线路端对端导通情况	电动机端电压情况	电动机端搭铁情况	检测结果
刮水器	Ω	V	Ω	正常□ 异常□
洗涤器	Ω	V	Ω	正常□ 异常□

三、风窗玻璃刮水器和洗涤器的检查、调整及复位设定

检查项目	检查结果	调整项目	调整结果
间歇挡刮水情况	正常□ 异常□	洗涤喷水高度	是□ 否□
低速挡刮水情况	正常□ 异常□	洗涤喷射位置	是□ 否□
高速挡刮水情况	正常□ 异常□	洗涤喷射力	是□ 否□
洗涤喷水高度	正常□ 异常□	刮水器停止位置	是□ 否□
洗涤喷射位置	正常□ 异常□		
洗涤喷射力	正常□ 异常□		
洗涤器结果判定	正常□ 异常□		

2. 风窗玻璃刮水器和洗涤器的检查与检测配分评分表

评分项	得分条件	评分标准	配分
情意面 （作业安全） （职业操守）	1. 能进行工位 9S 操作（总分 4 分） 　□1.1 整理、整顿（1 分） 　□1.2 清扫、清洁（1 分） 　□1.3 节约、安全（1 分） 　□1.4 服务、满意、素养（1 分） 2. 能进行设备和工具安全检查（总分 5 分） 　□2.1 检查作业所需要的工具设备是否完备，有无损坏（0.5 分） 　□2.2 检查作业环境是否配备灭火器（0.5 分） 　□2.3 检查检测设备的电量是否充足（2 分） 　□2.4 检查检测设备的插头及电缆的放置位置是否安全（2 分） 3. 能进行车辆安全防护操作（总分 3 分） 　□3.1 正确安装车辆绝缘翼子板布和格栅垫（1 分） 　□3.2 正确安装车内四件套（1 分） 　□3.3 正确安装后车轮挡块（1 分） 4. 能进行工具量具清洁校准存放操作（总分 3 分） 　□4.1 使用工具前对工具量具进行校准（1 分） 　□4.2 使用工具后对工具量具进行清洁（1 分） 　□4.3 作业完成后对工具量具进行复位（1 分） 5. 能进行三不落地操作（总分 5 分） 　□5.1 作业过程中做到工具不落地（1 分） 　□5.2 作业过程中做到零件不落地（2 分） 　□5.3 作业过程中做到设备不落地（2 分）	依据得分条件进行评分，按要求完成的在□中打√，未按要求完成的在□中打×并扣除对应分数，扣分不得超过 20 分	20 分

续表

评分项	得分条件	评分标准	配分
技能面 （应用技能） （操作技能）	1. 能正确查询电路图、课本排除刮水器故障（总分20分） 　□1.1 能根据电路图测量刮水器线路端对端的导通性（4分） 　□1.2 能测量出高速挡、低速挡、间歇挡的电压（4分） 　□1.3 能正确拆下刮水器和刮水器臂并放置到工作台（4分） 　□1.4 能正确拆下导水槽装饰板并放置到工作台（4分） 　□1.5 能正确拆下刮水电动机总成并放置到工作台（2分） 　□1.6 能按拆卸的逆顺序正确安装刮水器部件（2分） 2. 能正确查询电路图、课本排除洗涤器故障（总分20分） 　□2.1 能根据电路图测量洗涤器线路端对端的导通性（4分） 　□2.2 能测量出洗涤器的工作电压（4分） 　□2.3 能使用万用表测量洗涤电动机的阻值（4分） 　□2.4 能判断洗涤喷嘴是否堵塞并进行疏通，从而达到合格的喷射力（4分） 　□2.5 能调整不正确喷嘴的喷射位置（2分） 　□2.6 能更换有故障的洗涤器（2分）	依据得分条件进行评分，按要求完成的在□中打√，未按要求完成的在□中打×并扣除对应分数，扣分不得超过40分	40分
作业面 （保养作业） （拆装作业） （维修作业）	1. 能正确更换主、副刮水片（总分20分） 　□1.1 打开/关闭点火关开启刮水器开关，将主、副刮水片停在风窗玻璃中间位置（5分） 　□1.2 拆下主、副刮水片，同时用布包好主、副刮水片放置在风窗玻璃上（5分） 　□1.3 装上主、副刮水片，并扣牢刮水器卡扣（5分） 　□1.4 打开点火开关开启刮水器开关，检查刮水片的高速挡、低速挡、间歇挡刮拭情况（5分） 2. 能正确检查洗涤系统功能是否正常（总分20分） 　□2.1 打开点火开关操作洗涤开关观察喷嘴是否有洗涤液喷出（4分） 　□2.2 观察所有洗涤喷射力和喷射位置是否正常（4分） 　□2.3 调整不正确洗涤喷射位置的喷嘴位置（4分） 　□2.4 检查洗涤喷射力不够的喷嘴或洗涤系统（8分）	依据得分条件进行评分，按要求完成的在□中打√，未按要求完成的在□中打×并扣除对应分数，扣分不得超过40分	40分

学习任务二　电动车窗的结构与检修

 情景描述

　　如果一辆汽车的车窗玻璃无法升降，作为车主难免会感到烦恼，甚至产生焦虑情绪。若你是一名4S店的汽车维修技师，请你思考出现故障的原因并通过所学的技术与技能来解决这个故障。

一、知识链接

引导问题 1. 电动车窗的组成与功用是什么？

　　电动车窗是指依靠电力驱动，实现车窗玻璃自动升降的装置。驾驶员或乘客通过操纵开关接通车窗升降电动机电路，电动机经一系列机械传动输出动力，驱动车窗玻璃按需求完成升降动作，具有操作便捷、提升行车安全性的优势。

电动车窗的运行主要依赖一个或多个永磁电动机，这些电动机并联接入同一电路。当拨动开关时，对应继电器会被触发，改变电动机一端的电流极性；切换开关位置，电动机另一端的极性随之改变；当开关处于停止位置时，电动机两端电位相等，触发再生制动机制，电动机立即停止转动。

电动车窗主要由电动机、控制开关、车窗玻璃升降器等组成。

1. 电动机

（1）作用：为车窗玻璃的升降提供动力。

（2）类型：常见类型有永磁电动机和双绕组电动机，二者均为双向转动设计，通过改变电流方向实现正反转，进而控制车窗升降。

每个车门各有一个电动机，通过开关控制电动机中的电流方向，从而控制车窗玻璃的升降。

2. 控制开关

（1）作用：控制电动机中的电流方向，进而实现对车窗玻璃升降动作的操控。

（2）类型：控制开关一般有两套系统。一套为总开关，安装在仪表板或驾驶员侧车门上，驾驶员可通过它控制每个车窗玻璃的升降；另一套为分开关，分别安装在每个车窗处，以便乘客单独操作对应车窗的升降。一般在总开关上，往往还设有分开关锁止功能，当该功能被启用时，分开关就不起作用。此外，部分配备延迟开关的电动车窗系统，在点火开关关断后约 10min 内，或者在车门打开以前，仍可为车窗供电，以便驾驶员和乘客及时关闭车窗。

为了防止电动机过载，在电路或电动机内部，通常装有一个或多个双金属片式热敏断路器，用于控制电动机中的电流。若车窗玻璃因某种原因卡住（如结冰），即便操纵开关没有断开，由于电流急剧增大，双金属片式热敏断路器内的双金属片会因发热而变形，从而自动切断电路，起到保护电动机的作用。

3. 车窗玻璃升降器

常见的车窗玻璃升降器有钢丝滚筒式和交叉传动臂式两种，分别如图 8-7 和图 8-8 所示。

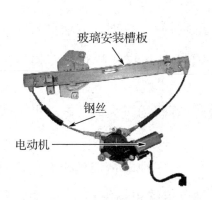

图 8-7　钢丝滚筒式车窗玻璃升降器

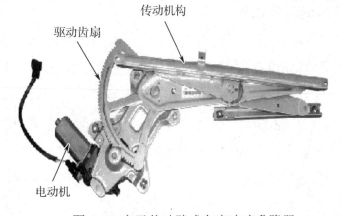

图 8-8　交叉传动臂式车窗玻璃升降器

引导问题 2. 电动车窗的工作原理、控制电路及常见故障是什么？

1. 电动车窗的工作原理及控制电路

（1）电动车窗的控制类型。

电动车窗的控制分为手动控制和自动控制两种。手动控制是指按下相应的手动按钮，车窗可以上升或下降，若中途松开按钮，则上升或下降的动作立即停止。自动控制是指按下自动按钮后，即便松开按钮，车窗也会持续上升至最高位置或下降至最低位置。图 8-9 所示为宝骏 730 电动车窗线路图。

（2）电动车窗的工作原理。

① 车窗玻璃升降控制为模块化控制。将各门开关视为独立模块，模块的基本工作条件为电源、接地正常，电动机执行线路连接正常，LIN 信号线连接正常。以上条件满足时，通过操作开关即可实现车窗玻璃升降控制。

② 左前门开关具备总控功能。当操作左前门开关时，其通过 LIN 信号线发出指令，左前门电动机模块或其他门开关模块接收信号并执行上升或下降等操作。

③ 右前、右后、左后门车窗采用独立控制模式。各车门可直接为升降电动机供电，从而实现车窗的上升或下降，并可通过改变升降电动机的供电方向来切换车窗升降状态。当开关处于静止状态时，升降电动机的两个引脚均处于接地状态。

（3）电动车窗的电路控制功能。

① 左前门车窗随动式控制和一键式控制功能。左前门车窗开关设有 2 个挡位，轻按时，车窗进入随动式上升或下降模式，即松开按钮动作停止；重按时，车窗进入一键式上升或下降模式，可自动运行至终点位置。

② 遥控器控制降窗功能。在点火开关处于 ON 位置时，左前门车窗开关的 2#引脚持续输出 5V 电压。当长按遥控器开锁键超过 2s 时，车身控制模块控制左前门车窗开关的 2#引脚短暂接地，左前门车窗开关接收到低电位信号后，控制左前门车窗下降，并同步向其他车窗开关发送降窗请求。

③ 左前门车窗防夹功能。当左前门车窗在升降过程中遇到异物卡滞时，电动机内部的位置传感器和电动机电流传感器会迅速检测到异常，并立即控制电动机停止运转，随后使车窗向相反方向运行 15cm，避免夹伤风险。

④ 其他车门过载保护功能。对于其他 3 个车门，当车窗升降阻力过大时，电动机工作电流异常增大，车窗电动机内部将立即断电，车窗停止工作。

⑤ 延时控制功能。当驾驶员关闭点火开关并拔出钥匙后，若发现车窗玻璃未升起，为方便操作，车身控制模块在检测到点火开关关闭状态后，会控制车窗继电器继续工作 30s，为驾驶员预留关闭车窗的时间，30s 后继电器停止工作。

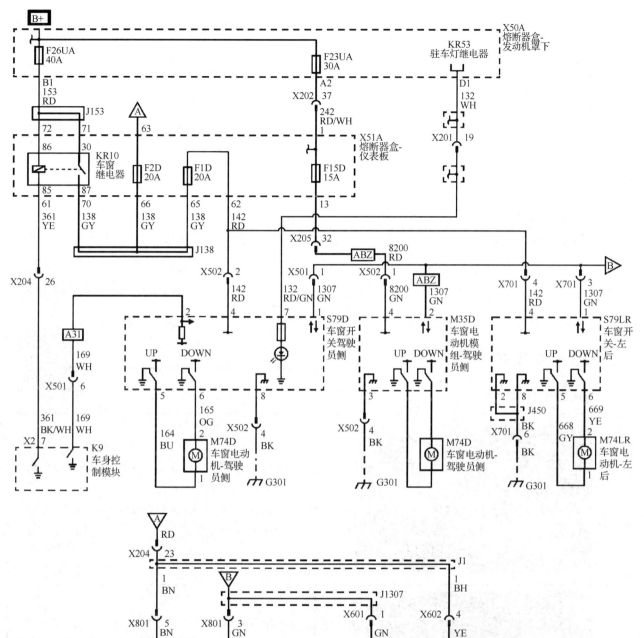

图 8-9 宝骏 730 电动车窗线路图

2. 常见故障及排除方法

电动车窗常见故障包括所有车窗均无法升降、部分车窗无法升降或只能朝一个方向运动。

（1）所有车窗均无法升降。

① 主要故障原因：熔断器断路；有关继电器、开关损坏；搭铁点锈蚀、松动。

② 诊断步骤：首先检查熔断器是否断路。若熔断器状态良好，则应接通点火开关，检查相关继电器和开关火线接线柱上的电压是否正常。若电压为零，则应检查电源线路；若电压正常，则应检查搭铁线是否良好。搭铁不良时，应清洁、紧固搭铁线；搭铁良好时，应对继电器、开关和电动机进行检测。

（2）部分车窗无法升降或只能朝一个方向运动。

① 主要故障原因：对应车窗按键开关损坏；连接导线断路；安全开关故障。

② 诊断步骤：如果部分车窗无法升降，应首先检查安全开关工作状态，以及对应车窗的按键开关是否正常，再通电检查该车窗的电动机正反转运行是否稳定。若存在故障，则应检修或更换故障部件；若运行正常，则应检修连接导线。如果车窗只能朝一个方向运动，通常由按键开关故障、部分线路断路或线路接错导致。可以先检查线路连接是否正确，再检修开关。

二、任务实施

电动车窗的检查保养。

	Step1：电动车窗的基本检查。 （1）手动开/关功能：检查当电动车窗开关被轻按或轻拉至一半位置时，车窗玻璃是否开始下降或上升，且直至松开开关，车窗玻璃随即停止动作。 （2）单触式自动开/关功能：检查当电动车窗开关被完全按到底或拉到底时，车窗玻璃是否能完全开启或完全关闭。 操作结果：＿＿＿＿＿＿＿＿＿
	Step2：车窗锁止功能检查。 当车窗锁止开关处于开启状态时，查看除驾驶员侧车窗外，其余所有车窗打开或关闭功能是否处于失效状态。 操作结果：＿＿＿＿＿＿＿＿＿
	Step3：防夹保护功能检查。 在电动车窗正常上升过程中，在任意位置放置物体模拟被夹情况，观察控制器是否能迅速停止车窗玻璃上升动作，并自动控制车窗玻璃返回至下止点位置，随后立即切断电源使电动机停止工作。 操作结果：＿＿＿＿＿＿＿＿＿

三、项目考题与配分评分表

1. 电动车窗系统检查保养模拟考题

姓名			学号			
考试开始时间			考试结束时间		总计（分）	
自评：□合格□不合格		组长评：□合格□不合格		教师评：□合格□不合格		教师签字：
考核项目：电动车窗系统检查保养实操考核报告						

一、车辆信息记录

品牌		整车型号		生产日期	
发动机型号		发动机排量		行驶里程	
车辆识别码					

二、电动车窗系统电动机检测

检测项目	检测数据	检测项目	检测数据
左前门车窗电动机阻值	Ω	左前门车窗电动机端电压	V
左后门车窗电动机阻值	Ω	左后门车窗电动机端电压	V
右前门车窗电动机阻值	Ω	右前门车窗电动机端电压	V
右后门车窗电动机阻值	Ω	右后门车窗电动机端电压	V

三、电动车窗系统线路检测

检测项目	检测数据	检测项目	检测数据
左前门电动机B+与开关端对端阻值	Ω	左前门电动机负极与开关端对端阻值	Ω
左后门电动机B+与开关端对端阻值	Ω	左后门电动机负极与开关端对端阻值	Ω
右前门电动机B+与开关端对端阻值	Ω	右前门电动机负极与开关端对端阻值	Ω
右后门电动机B+与开关端对端阻值	Ω	右后门电动机负极与开关端对端阻值	Ω

四、电动车窗系统功能检查

检查项目	检查结果	检查项目	检查结果
车窗功能检查	正常□ 异常□	左前门车窗开关检查	正常□ 异常□
左前门车窗升降检查	正常□ 异常□	左后门车窗开关检查	正常□ 异常□
左后门车窗升降检查	正常□ 异常□	右前门车窗开关检查	正常□ 异常□
右前门车窗升降检查	正常□ 异常□	右后门车窗开关检查	正常□ 异常□
右后门车窗升降检查	正常□ 异常□	左前门主开关车窗锁止开关检查	正常□ 异常□

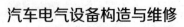
2. 电动车窗系统检查保养配分评分表

评分项	得分条件	评分标准	配分

情意面
（作业安全）
（职业操守）
	1. 能进行工位 9S 操作（总分 4 分）
	   □1.1 整理、整顿（1 分）
	   □1.2 清扫、清洁（1 分）
	   □1.3 节约、安全（1 分）
	   □1.4 服务、满意、素养（1 分）
	2. 能进行设备和工具安全检查（总分 5 分）
	   □2.1 检查作业所需要的工具设备是否完备，有无损坏（0.5 分）
	   □2.2 检查作业环境是否配备灭火器（0.5 分）
	   □2.3 检查检测设备的电量是否充足（2 分）
	   □2.4 检查检测设备的插头及电缆的放置位置是否安全（2 分）
	3. 能进行车辆安全防护操作（总分 3 分）
	   □3.1 正确安装车辆绝缘翼子板布和格栅垫（1 分）
	   □3.2 正确安装车内四件套（1 分）
	   □3.3 正确安装后车轮挡块（1 分）
	4. 能进行工具量具清洁校准存放操作（总分 3 分）
	   □4.1 使用工具前对工具量具进行校准（1 分）
	   □4.2 使用工具后对工具量具进行清洁（1 分）
	   □4.3 作业完成后对工具量具进行复位（1 分）
	5. 能进行三不落地操作（总分 5 分）
	   □5.1 作业过程中做到工具不落地（1 分）
	   □5.2 作业过程中做到零件不落地（2 分）
	   □5.3 作业过程中做到设备不落地（2 分）
		依据得分条件进行评分，按要求完成的在□中打√，未按要求完成的在□中打×并扣除对应分数，扣分不得超过 20 分	20 分

技能面
（应用技能）
（操作技能）
	1. 能正确查询电路图、课本排除电动车窗系统故障（总分 20 分）
	   □1.1 能根据电路图测量电动车窗各线路端对端的导通性（4 分）
	   □1.2 能测量 4 个车窗电动机端的 B+电压（4 分）
	   □1.3 能正确测量 4 个车窗电动机的阻值（4 分）
	   □1.4 能正确判断 4 个车窗电动机是否正常（2 分）
	   □1.5 能正确判断 4 个车窗开关是否正常（2 分）
	   □1.6 能根据熔断器位置图找到车窗熔断器继电器并判断是否正常（4 分）
	2. 能按步骤顺序正确拆装门饰板及车窗玻璃升降器总成（总分 20 分）
	   □2.1 能选用合适工具拆下门饰板固定螺钉并撬开门饰板（4 分）
	   □2.2 能找到升降器电动机插头并松开卡扣将电动机插头取下（4 分）
	   □2.3 能选用合适工具将车窗玻璃从升降器上拆下并将车窗玻璃取下放置在工作台上（4 分）
	   □2.4 能选用合适工具拆下车窗玻璃升降器总成并进行检查或更换（2 分）
	   □2.5 能选用合适工具拆下车窗玻璃升降器上的驱动电动机（2 分）
	   □2.6 能按拆卸的逆顺序和安装技术要求装复好电动车窗的各零部件（4 分）
		依据得分条件进行评分，按要求完成的在□中打√，未按要求完成的在□中打×并扣除对应分数，扣分不得超过 40 分	40 分

评分项	得分条件	评分标准	配分
作业面 （保养作业） （拆装作业） （维修作业）	1. 能正确进行车窗开关功能检查（总分20分） 　□1.1 打开点火开关拨动左前门车窗开关查看升起/下降左前门车窗是否正常（5分） 　□1.2 打开点火开关拨动左后门车窗开关查看升起/下降左后门车窗是否正常（5分） 　□1.3 打开点火开关拨动右前门车窗开关查看升起/下降右前门车窗是否正常（5分） 　□1.4 打开点火开关拨动右后门车窗开关查看升起/下降右后门车窗是否正常（5分） 2. 能正确进行左后、右前、右后门车窗开关及车窗锁止开关功能检查（总分20分） 　□2.1 打开点火开关拨动左后门车窗开关查看升起/下降左后门车窗是否正常（4分） 　□2.2 打开点火开关拨动右前门车窗开关查看升起/下降右前门车窗是否正常（4分） 　□2.3 打开点火开关拨动右后门车窗开关查看升起/下降右后门车窗是否正常（4分） 　□2.4 按下/释放车窗锁止开关检查左后、右前、右后门车窗功能是否正常（8分）	依据得分条件进行评分，按要求完成的在□中打√，未按要求完成的在□中打×并扣除对应分数，扣分不得超过40分	40分

学习任务三　电动座椅的结构与检修

 情景描述

现代汽车为提升乘坐舒适性，可通过操作控制开关来精准调整座椅位置、改变坐姿，从而有效缓解驾驶或长时间乘车带来的疲劳。目前，大多数汽车均配备了电动座椅。一般而言，电动座椅前后方向调节量为 100～160mm，上下方向调节量为 30～50mm。某日，一位宝骏汽车车主前往汽车 4S 店反馈，其车辆的电动座椅在调节时毫无反应。你作为维修技师，该如何应用所学的知识解决这样的故障呢？

一、知识链接

引导问题 1. 电动座椅的作用与类型及组成是什么？

1. 电动座椅的作用与类型

作用：为驾驶员及乘客提供便于操作、舒适且安全的乘坐位置。

类型：按调节方式的不同分为手动调节式和电动调节式；按动力源的不同分为真空式、液压式和电动式；按电动座椅电动机数目和调节方向数目的不同分为两向、四向、六向、八向和多向可调等类型。

2. 电动座椅的组成

如图 8-10 所示，电动座椅主要由双向直流电动机（包含倾斜电动机、腰垫电动机、后垂直电动机、前垂直电动机、滑动电动机）、传动装置、电动座椅开关组成。

双向直流电动机作为动力核心，产生的动力经由传动装置传递至电动座椅，通过控制电动座椅开关实现座椅不同位置的调节。双向直流电动机多为永磁式电动机，通过控制电动座椅开关改变流经电动机的电流方向，从而实现电动机转动方向的切换。

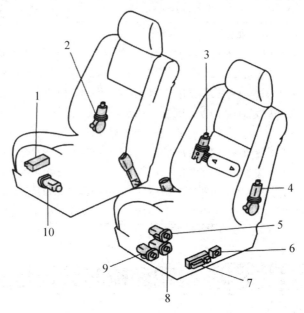

1—电动座椅开关；2—倾斜电动机；3—腰垫电动机；4—倾斜电动机；5—后垂直电动机；6—腰垫开关；

7—电动座椅开关；8—前垂直电动机；9—滑动电动机；10—滑动电动机

图 8-10　电动座椅的组成

　　传动装置主要包括变速器、联轴节、软轴及齿轮传动机构等部件。其中，变速器的作用是降速增扭。传动装置的具体工作过程为：电动机分别与不同的软轴相连，软轴再与变速器的输入轴相连，动力经变速器实现降速增扭后，从其输出轴传出。变速器的输出轴与蜗杆轴或齿轮轴相连，通过蜗轮、蜗杆或齿轮、齿条带动电动座椅支架产生位移，实现座椅位置调节。

引导问题 2. 电动座椅是如何通过电路控制的呢？如果发生故障则如何排除呢？

1. 电动座椅的控制电路

　　电动座椅的控制电路原理与电动车窗的控制电路原理相似，即通过调整开关控制双向直流电动机的电流方向。图 8-11 所示为宝骏 560 汽车左前电动座椅控制电路图，它有 6 种可调方式，即电动座椅前、后调节；电动座椅前部上、下调节；电动座椅后部上、下调节。

　　下面以电动座椅前、后调节为例说明其调节过程。

　　（1）向前调节。将电动座椅开关拨到"前进"位置时，电路中的电流流经蓄电池正极→熔断器 F25UA（熔断器盒-发动机罩下）→熔断器 F13D（熔断器盒-仪表板）→座椅控制模块-驾驶员侧（K163D）→K163D/6#闭合→座椅水平电动机（M51D）→K163D/8#→K163D/2#→搭铁→蓄电池负极。M51D 工作，电动座椅向前移动。

　　（2）向后调节。将电动座椅开关拨到"后退"位置时，电路中的电流流经蓄电池正极→熔断器 F25UA（熔断器盒-发动机罩下）→熔断器 F13D（熔断器盒-仪表板）→座椅控制模块-驾驶员侧（K163D）→K163D/8#闭合→M51D→K163D/6#→K163D/2#→搭铁→蓄电池负极。M51D 工作，电动座椅向后移动。

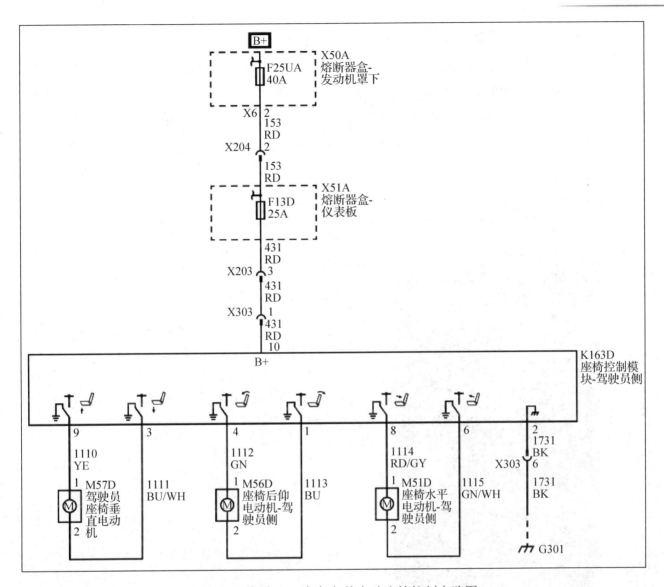

图 8-11　宝骏 560 汽车左前电动座椅控制电路图

2. 电动座椅的主要故障及排除方法

（1）操纵系统不工作或出现噪声。

主要故障原因：搭铁不良；线路出现断路；开关损坏。

诊断步骤：首先检查电磁阀与车身搭铁情况，若搭铁不良，则操纵系统不可能工作。然后使用测试灯在熔断器板上检查继电器，若指示灯发亮且座椅继电器有吸合声，则故障可能出现在电动机上。在检测继电器和电动机之前，还应检测开关上的电压，因为故障也可能出现在开关上。

（2）电动座椅电动机运转，但电动座椅不能移动。

主要故障原因：橡胶联轴节损坏；电动座椅调节连杆氧化或润滑不足。

诊断步骤：先检查电动机与变速器之间的橡胶联轴节是否磨损或损坏，再检查电动座椅调节连杆是否氧化或润滑不足。

（3）电动座椅继电器有吸合声，但电动机不工作。

主要故障原因：线路断路；搭铁不良；电动机故障；电控单元故障。

先检查电动机与继电器之间的线路。双磁场绕组型电动机搭铁不良也容易引起这类故障。需要进行电动座椅维修时，如果空间有限，不便在车内进行，则可将电动座椅的某部分拆下进行检修。若使用电控单元控制的电动座椅，则还应检查电控单元是否有故障，若有故障则应进行排除。

二、任务实施

电动座椅的检测。

	Step1：当将电动座椅开关处于垂直调节状态时，检测各端子与电源之间的连接情况，应符合要求。分别用导线将电动机连接器的相应两个端子与蓄电池的正、负极相连接，检查电动机工作情况。必须注意的是，当电动机通电后不转或有异常响声时，应立即停止检测。 操作结果：＿＿＿＿＿＿＿＿
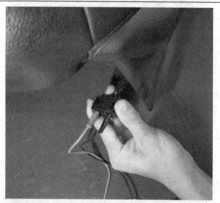	Step2：当电动座椅开关处于水平调节状态时，检测各端子与电源之间的连接情况，应符合要求。分别用导线将电动机连接器的相应两个端子与蓄电池的正、负极相连接，检查电动机工作情况。必须注意的是，当电动机通电后不转或有异常响声时，应立即停止检测。 操作结果：＿＿＿＿＿＿＿＿
	Step3：如果检测到某个调节电动机不运转或运转不平稳，则拔下该电动机上的两芯连接器，直接将蓄电池正、负极用导线与该电动机连接，进行通电检测。如果此时电动机运转无问题，则调节电动机两芯插座之间的导线可能有断路、接地或接触不良现象。 Step4：当所有故障诊断和修理完成后，应检查系统是否正常工作。 操作结果：＿＿＿＿＿＿＿＿

三、项目考题与配分评分表

1. 电动座椅检查保养模拟考题

姓名			学号		
考试开始时间			考试结束时间		总计（分）
自评：□合格□不合格		组长评：□合格□不合格		教师评：□合格□不合格	教师签字：
考核项目：电动座椅检查保养实操考核报告					

一、车辆信息记录

品牌		整车型号		生产日期	
发动机型号		发动机排量		行驶里程	
车辆识别码					

二、电动座椅电动机检测

检测项目	检测数据	检测项目	检测数据
左前电动座椅横向电动机阻值	Ω	左前电动座椅横向电动机端电压	V
左前电动座椅纵向电动机阻值	Ω	左前电动座椅纵向电动机端电压	V
右前电动座椅垂直电动机阻值	Ω	右前电动座椅横向电动机端电压	V
右前电动座椅纵向电动机阻值	Ω	右前电动座椅纵向电动机端电压	V

三、电动座椅线路检测

检测项目	检测数据	检测项目	检测数据
左前垂直电动机B+与开关端对端阻值	Ω	左前横向电动机负极与开关端对端阻值	Ω
左前纵向电动机B+与开关端对端阻值	Ω	左前纵向电动机负极与开关端对端阻值	Ω
右前垂直电动机B+与开关端对端阻值	Ω	右前横向电动机负极与开关端对端阻值	Ω
右前纵向电动机B+与开关端对端阻值	Ω	右前纵向电动机负极与开关端对端阻值	Ω

四、电动座椅功能检查

检查项目	检查结果	检查项目	检查结果
电动座椅功能检查	正常□　异常□	熔断器导通性	正常□　异常□
左前电动座椅纵向电动机开关	正常□　异常□	继电器线圈电阻	正常□　异常□
左前电动座椅横向电动机开关	正常□　异常□	继电器触点	正常□　异常□
右前电动座椅横向电动机开关	正常□　异常□		
右前电动座椅纵向电动机开关	正常□　异常□		

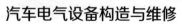

汽车电气设备构造与维修

2. 电动座椅检查保养配分评分表

评分项	得分条件	评分标准	配分
情意面 (作业安全) (职业操守)	1. 能进行工位 9S 操作（总分 4 分） 　　□1.1 整理、整顿（1 分） 　　□1.2 清扫、清洁（1 分） 　　□1.3 节约、安全（1 分） 　　□1.4 服务、满意、素养（1 分） 2. 能进行设备和工具安全检查（总分 5 分） 　　□2.1 检查作业所需要的工具设备是否完备，有无损坏（0.5 分） 　　□2.2 检查作业环境是否配备灭火器（0.5 分） 　　□2.3 检查检测设备的电量是否充足（2 分） 　　□2.4 检查检测设备的插头及电缆的放置位置是否安全（2 分） 3. 能进行车辆安全防护操作（总分 3 分） 　　□3.1 正确安装车辆绝缘翼子板布和格栅垫（1 分） 　　□3.2 正确安装车内四件套（1 分） 　　□3.3 正确安装后车轮挡块（1 分） 4. 能进行工具量具清洁校准存放操作（总分 3 分） 　　□4.1 使用工具前对工具量具进行校准（1 分） 　　□4.2 使用工具后对工具量具进行清洁（1 分） 　　□4.3 作业完成后对工具量具进行复位（1 分） 5. 能进行三不落地操作（总分 5 分） 　　□5.1 作业过程中做到工具不落地（1 分） 　　□5.2 作业过程中做到零件不落地（2 分） 　　□5.3 作业过程中做到设备不落地（2 分）	依据得分条件进行评分，按要求完成的在□中打√，未按要求完成的在□中打×并扣除对应分数，扣分不得超过 20 分	20 分
技能面 (应用技能) (操作技能)	1. 能正确查询电路图、课本排除电动座椅系统故障（总分 20 分） 　　□1.1 能根据电路图测量电动座椅各线路端对端的导通性（4 分） 　　□1.2 能测量电动座椅横向、纵向电动机端的 B+电压（4 分） 　　□1.3 能正确测量电动座椅电动机的阻值（4 分） 　　□1.4 能正确判断电动座椅电动机是否正常（2 分） 　　□1.5 能正确判断电动座椅开关是否正常（2 分） 　　□1.6 能根据熔断器位置图找到电动座椅熔断器并判断是否正常（4 分） 2. 能按步骤顺序正确拆装门饰板及电动座椅总成（总分 20 分） 　　□2.1 能选用合适工具拆下电动座椅固定螺钉并撬开门饰板（4 分） 　　□2.2 能找到电动座椅电动机插头并松开卡扣将电动机插头取下（4 分） 　　□2.3 能选用合适工具将电动座椅上的电动机拆下并放置在工作台上（4 分） 　　□2.4 能选用合适工具拆下电动座椅进行检查或更换电动机等电子元器件（2 分） 　　□2.5 能选用合适工具拆下电动座椅上的驱动电动机（2 分） 　　□2.6 能按拆卸的逆顺序和安装技术要求装复好电动座椅的各零部件（4 分）	依据得分条件进行评分，按要求完成的在□中打√，未按要求完成的在□中打×并扣除对应分数，扣分不得超过 40 分	40 分
作业面 (保养作业) (拆装作业) (维修作业)	1. 能正确进行左前电动座椅开关功能检查（总分 20 分） 　　□1.1 拨动电动座椅开关（横向）调节左前电动座椅横向是否正常（5 分） 　　□1.2 拨动电动座椅开关（纵向）调节左前电动座椅纵向是否正常（5 分） 　　□1.3 拨动电动座椅靠背开关（向前）调节左前电动座椅向前是否正常（5 分） 　　□1.4 拨动电动座椅靠背开关（向后）调节左前电动座椅向后是否正常（5 分） 2. 能正确进行右前电动座椅开关功能检查（总分 20 分） 　　□2.1 拨动电动座椅开关（横向）调节右前电动座椅横向是否正常（5 分） 　　□2.2 拨动电动座椅开关（纵向）调节右前电动座椅纵向是否正常（5 分） 　　□2.3 拨动电动座椅靠背开关（向前）调节右前电动座椅向前是否正常（5 分） 　　□2.4 拨动电动座椅靠背开关（向后）调节右前电动座椅向后是否正常（5 分）	依据得分条件进行评分，按要求完成的在□中打√，未按要求完成的在□中打×并扣除对应分数，扣分不得超过 40 分	40 分

学习任务四 电动后视镜的结构与检修

情景描述

汽车后视镜对于汽车行驶安全起着至关重要的作用，一旦汽车后视镜出现故障，就会影响驾驶员对路况等安全信息的正确判断。如果你作为一名汽车维修技师，在工作中遇到车主反馈其宝骏汽车的左侧电动后视镜无法进行上下倾斜调整，那么如何运用所学的知识解决这一故障呢？这正是本任务即将学习的内容。

一、知识链接

引导问题 1. 电动后视镜的作用与组成是什么？

电动后视镜可使驾驶员获得理想的后视线，确保行车安全，并且操作起来十分方便。目前电动后视镜已被广泛应用。

电动后视镜通常由镜片、驱动电动机、控制电路及操纵开关等部件组成。在每个镜片的背后均配备两个可逆电动机，用于实现镜片上、下、左、右四个方向的运动控制。一般情况下，垂直方向的倾斜运动由一个永磁电动机控制，水平方向的倾斜运动由另一个永磁电动机控制。通过改变电动机的电流方向，即可完成对电动后视镜在四个方向上的调整操作。

此外，部分电动后视镜还配备伸缩功能，该功能由伸缩开关控制伸缩电动机工作，从而实现整个电动后视镜的伸出或缩回动作。

引导问题 2. 电动后视镜是如何用电路控制的呢？工作原理是什么？

1. 电动后视镜的控制电路及工作原理

图 8-12 所示为宝骏 560 汽车电动后视镜控制电路。下面以调节驾驶员侧（左侧）电动后视镜垂直方向的倾斜程度为例介绍电动后视镜控制开关的工作情况。

（1）向上倾斜过程。当按下电动后视镜向上按钮时，控制开关分别与向上端子、左上端子结合。此时，电流的方向为蓄电池正极→F22UA→F20D→控制开关向上端子→左/右调整开关→电动后视镜开关端子 3→左侧电动后视镜上、下调整电动机→端子 1→电动后视镜开关端子 2→控制开关左上端子→电动后视镜开关端子 10→蓄电池负极。左侧电动后视镜上、下调整电动机运转，驱动电动后视镜向上倾斜。

（2）向下倾斜过程。当按下电动后视镜向下按钮时，控制开关分别与向下端子、右下端子结合。此时，电流的方向为蓄电池正极→F22UA→F20D→控制开关右下端子→电动后视镜开关端子 4→端子 3→左侧电动后视镜上、下调整电动机→电动后视镜开关端子 2→控制开关向下端子→电动后视镜开关端子 10→蓄电池负极。左侧电动后视镜上、下调整电动机运转，驱动电动后视镜向下倾斜。

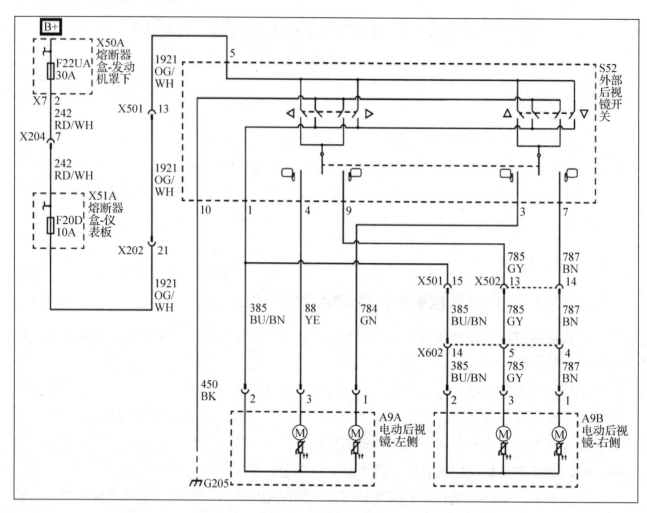

图 8-12　宝骏 560 汽车电动后视镜控制电路

2. 电动后视镜的故障诊断

（1）两个电动后视镜均无法动作。

故障原因：熔断器熔断、搭铁不良、后视镜开关损坏、电动机损坏。

（2）一侧电动后视镜无法动作。

故障原因：搭铁不良、后视镜开关损坏、对应电动机损坏。

（3）一侧电动后视镜无法进行上下方向调节。

故障原因：搭铁不良、上下调整电动机损坏。

（4）一侧电动后视镜无法进行左右方向调节。

故障原因：搭铁不良、左右调整电动机损坏。

完成所有诊断与修复工作后，需全面检查电动后视镜系统是否恢复正常工作状态。

二、任务实施

（1）电动后视镜控制开关的检测。

使用万用表的电阻挡或试灯，对控制开关线束连接器各端子在不同状态下的导通性进行检查，其结果应符合标准规定；若不符合标准规定，则应更换控制开关。

① 左侧电动后视镜处于不同状态时控制开关各端子的导通情况如表 8-1 所示。

表 8-1　左侧电动后视镜处于不同状态时控制开关各端子的导通情况

开关位置	测试仪器所连接的控制开关端子号		状态		
OFF（断开）	—	—	不导通	是□	否□
UP（向上）	例如：4～8、6～7		导通	是□	否□
DOWN（向下）	例如：6～8、4～7		导通	是□	否□
LEFT（向左）	例如：5～8、6～7		导通	是□	否□
RIGHT（向左）	例如：5～7、6～8		导通	是□	否□

② 右侧电动后视镜处于不同状态时控制开关各端子的导通情况如表 8-2 所示。

表 8-2　右侧电动后视镜处于不同状态时控制开关各端子的导通情况

开关位置	测试仪器所连接的控制开关端子号		状态		
OFF（断开）	—	—	不导通	是□	否□
UP（向上）	例如：3～8、6～7		导通	是□	否□
DOWN（向下）	例如：3～7、6～8		导通	是□	否□
LEFT（向左）	例如：2～8、6～7		导通	是□	否□
RIGHT（向左）	例如：2～7、6～8		导通	是□	否□

（2）电动后视镜电动机的检查。

断开电动后视镜电动机连接器，施加蓄电池电压并检查电动后视镜电动机的动作，其动作应符合标准规定；若不符合标准规定，则应更换电动后视镜总成。宝骏 560 汽车电动后视镜电动机的检查如图 8-13 所示。

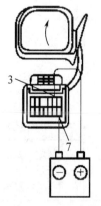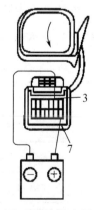

（a）将蓄电池正极（+）导线接到端子8，负极（−）导线接到端子7，检查电动后视镜应向左侧转动　　（b）将蓄电池电极交换，检查电动后视镜应向右侧转动　　（c）将蓄电池正极（+）导线接到端子3，负极（−）导线接到端子7，检查电动后视镜应向上侧转动　　（d）将蓄电池电极交换，检查电动后视镜应向下侧转动

图 8-13　宝骏 560 汽车电动后视镜电动机的检查

三、项目考题与配分评分表

1. 电动后视镜检查保养模拟考题

姓名			学号			
考试开始时间		考试结束时间			总计（分）	
自评：□合格□不合格		组长评：□合格□不合格		教师评：□合格□不合格		教师签字：
考核项目：电动后视镜检查保养实操考核报告						

一、车辆信息记录

品牌		整车型号		生产日期	
发动机型号		发动机排量		行驶里程	
车辆识别码					

二、电动后视镜电动机检测

检测项目	检测数据	检测项目	检测数据
左侧电动后视镜横向电动机阻值	Ω	左侧电动后视镜横向电动机电压	V
左侧电动后视镜纵向电动机阻值	Ω	左侧电动后视镜纵向电动机电压	V
右侧电动后视镜横向电动机阻值	Ω	右侧电动后视镜横向电动机电压	V
右侧电动后视镜纵向电动机阻值	Ω	右侧电动后视镜纵向电动机电压	V

三、电动后视镜电动机检测

检测项目	检测数据	检测项目	检测数据
左侧横向电动机 B+ 与开关端对端阻值	Ω	左侧横向电动机负极与开关端对端阻值	Ω
左侧纵向电动机 B+ 与开关端对端阻值	Ω	左侧纵向电动机负极与开关端对端阻值	Ω
右侧横向电动机 B+ 与开关端对端阻值	Ω	右侧横向电动机负极与开关端对端阻值	Ω
右侧纵向电动机 B+ 与开关端对端阻值	Ω	右侧纵向电动机负极与开关端对端阻值	Ω

四、电动后视镜功能检查

检查项目	检查结果	检查项目	检查结果
电动后视镜功能检查	正常□ 异常□	熔断器导通性	正常□ 异常□
左侧横向电动机开关	正常□ 异常□	右侧横向电动机开关	正常□ 异常□
左侧纵向电动机开关	正常□ 异常□	右侧纵向电动机开关	正常□ 异常□

2．电动后视镜检查保养配分评分表

评分项	得分条件	评分标准	配分
情意面 （作业安全） （职业操守）	1．能进行工位 9S 操作（总分 4 分） 　　□1.1 整理、整顿（1 分） 　　□1.2 清扫、清洁（1 分） 　　□1.3 节约、安全（1 分） 　　□1.4 服务、满意、素养（1 分） 2．能进行设备和工具安全检查（总分 5 分） 　　□2.1 检查作业所需要的工具设备是否完备，有无损坏（0.5 分） 　　□2.2 检查作业环境是否配备灭火器（0.5 分） 　　□2.3 检查检测设备的电量是否充足（2 分） 　　□2.4 检查检测设备的插头及电缆的放置位置是否安全（2 分） 3．能进行车辆安全防护操作（总分 3 分） 　　□3.1 正确安装车辆绝缘翼子板布和格栅垫（1 分） 　　□3.2 正确安装车内四件套（1 分） 　　□3.3 正确安装后车轮挡块（1 分） 4．能进行工具量具清洁校准存放操作（总分 3 分） 　　□4.1 使用工具前对工具量具进行校准（1 分） 　　□4.2 使用工具后对工具量具进行清洁（1 分） 　　□4.3 作业完成后对工具量具进行复位（1 分） 5．能进行三不落地操作（总分 5 分） 　　□5.1 作业过程中做到工具不落地（1 分） 　　□5.2 作业过程中做到零件不落地（2 分） 　　□5.3 作业过程中做到设备不落地（2 分）	依据得分条件进行评分，按要求完成的在□中打√，未按要求完成的在□中打×并扣除对应分数，扣分不得超过 20 分	20 分
技能面 （应用技能） （操作技能）	1．能正确查询电路图、课本排除电动后视镜系统故障（总分 20 分） 　　□1.1 能根据电路图测量电动后视镜各线路端对端的导通性（4 分） 　　□1.2 能测量电动后视镜横向、纵向电动机端的 B+电压（4 分） 　　□1.3 能正确测量电动后视镜电动机的阻值（4 分） 　　□1.4 能正确判断电动后视镜电动机是否正常（2 分） 　　□1.5 能正确判断电动后视镜开关是否正常（2 分） 　　□1.6 能根据熔断器位置图找到电动后视镜熔断器并判断是否正常（4 分） 2．能按步骤顺序正确拆装镜片及电动后视镜总成（总分 20 分） 　　□2.1 能选用合适工具拆下电动后视镜固定螺钉并撬开镜片（4 分） 　　□2.2 能找到电动后视镜电动机插头并松开卡扣将电动机插头取下（4 分） 　　□2.3 能选用合适工具将电动后视镜上的电动机拆下并放置在工作台上（4 分） 　　□2.4 能选用合适工具拆下电动后视镜进行检查或更换电动机等电子元器件（2 分） 　　□2.5 能选用合适工具拆下电动后视镜上的驱动电动机（2 分） 　　□2.6 能按拆卸的逆顺序和安装技术要求装复好电动后视镜的各零部件（4 分）	依据得分条件进行评分，按要求完成的在□中打√，未按要求完成的在□中打×并扣除对应分数，扣分不得超过 40 分	40 分

续表

评分项	得分条件	评分标准	配分
作业面 （保养作业） （拆装作业） （维修作业）	1. 能正确进行左前门电动后视镜开关功能检查（总分 20 分） 　□1.1 拨动电动后视镜开关（横向）调节左电动后视镜横向是否正常（5 分） 　□1.2 拨动电动后视镜开关（纵向）调节左电动后视镜纵向是否正常（5 分） 　□1.3 拨动电动后视镜折叠开关调节电动后视镜折叠是否正常（5 分） 　□1.4 拨动电动后视镜左右转换开关（向 L 或 R）调节电动后视镜转换是否正常（5 分） 2. 能正确进行右前门电动后视镜开关功能检查（总分 20 分） 　□2.1 拨动电动后视镜开关（横向）调节右电动后视镜横向是否正常（5 分） 　□2.2 拨动电动后视镜开关（纵向）调节右电动后视镜纵向是否正常（5 分） 　□2.3 拨动电动后视镜左右转换开关（向 L 或 R）调节电动后视镜转换是否正常（5 分） 　□2.4 将所有车门关闭遥控锁车后，电动后视镜折叠是否正常（5 分）	依据得分条件进行评分，按要求完成的在□中打√，未按要求完成的在□中打×并扣除对应分数，扣分不得超过 40 分	40 分

学习任务五　电控门锁系统的结构与检修

情景描述

　　一辆宝骏汽车的车主来到汽车 4S 店反馈，使用遥控器无法解锁车门，而用机械钥匙打开车门后，防盗报警器持续鸣响。作为汽车维修技师，若要规范地维护与检修电控门锁系统，就必须全面掌握电控门锁系统的结构、工作原理与检修方法。

一、知识链接

引导问题 1. 电控门锁系统的作用与分类是什么？

　　1. 电控门锁系统的作用

　　为了显著提升汽车的使用安全性和便捷性，现代汽车普遍引入了先进的电控门锁系统。安装电控门锁系统后，可实现以下功能。

　　（1）按下左前门车门锁扣时，其他车门及行李箱门都能自动锁定；如果用钥匙锁门，则可同时锁好其他车门和行李箱门。

　　（2）拉起左前门车门锁扣时，其他车门及行李箱门都能同时打开；如果用钥匙开门，则可同时打开其他车门和行李箱门。

　　（3）需要在车内打开个别车门时，可分别拉开各自的锁扣。

　　2. 电控门锁系统的分类

　　电控门锁系统的种类很多，按发展过程划分，一般可分为普通电控门锁系统、电子式电控门锁系统、车速感应式电控门锁系统和遥控式电控门锁系统；按控制方式不同划分，可分为不带防盗系统的电控门锁系统和与防盗系统成一体的电控门锁系统；按结构不同划分，可分为双向空气压力泵式中控门锁系统、直流电动机式中控门锁系统和车速感应式中控门锁系统。

引导问题 2. 电控门锁系统的组成和工作原理是什么？

电控门锁系统的组成和工作原理如下。

电控门锁系统由门锁控制器、门锁控制开关、门锁执行机构等主要部分组成，如图 8-14 所示。

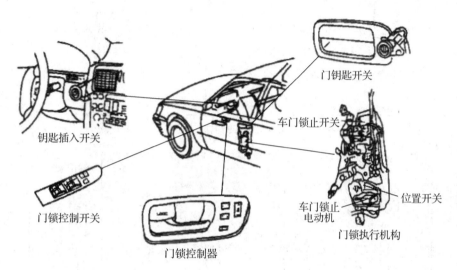

图 8-14　电控门锁系统的组成

1. 门锁控制器

（1）晶体管式门锁控制器。

图 8-15 所示为晶体管式门锁控制器，其内部有两个继电器，一个控制开门，另一个控制锁门。继电器由晶体管开关控制，它利用电容器的充放电过程控制一定的脉冲电流持续时间，使门锁执行机构完成开门或锁门动作。

（2）电容式门锁控制器。

图 8-16 所示为电容式门锁控制器，它利用电容器的充放电特性，使开门继电器或锁门继电器线圈产生电磁力，进而接通门锁执行机构电磁线圈，完成开门或锁门动作。平时电容器被充足电，工作时把它接入控制电路使电路放电，并使继电器的触点短时间吸合而向门锁执行机构通电。电容器完全放电后，通过继电器线圈的电流中断，从而使继电器的触点断开，电控门锁系统不再工作。

（3）车速感应式门锁控制器。

图 8-17 所示为车速感应式门锁控制器。在电控门锁系统中加载车速为 10km/h 的感应开关，当车速在 10km/h 以上时，若车门未上锁，则驾驶员无须动手，门锁控制器自动将车门上锁。如果个别车门要自行开门或锁门，则可分别操作。

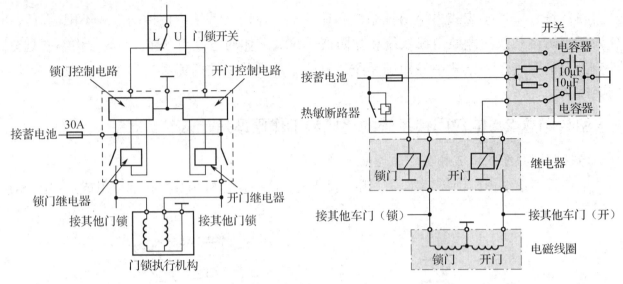

图 8-15　晶体管式门锁控制器　　　　　图 8-16　电容式门锁控制器

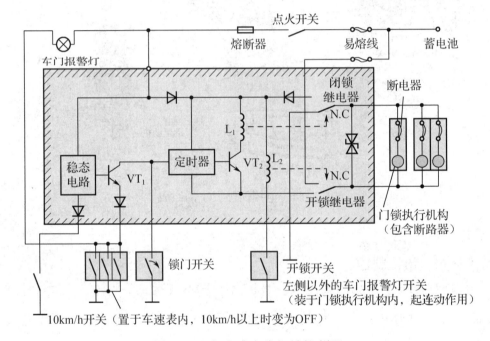

图 8-17　车速感应式门锁控制器

　　当点火开关接通时，电流流经车门报警灯可使 3 个车门的报警灯开关（此时车门未锁）搭铁，车门报警灯亮。若按下锁门开关，则定时器使三极管 VT_2 导通，在三极管 VT_2 导通期间，闭锁继电器线圈 L_1 通电，常开触点闭合，门锁执行机构通正向电流，执行锁门动作。当按下开锁开关时，开锁继电器线圈 L_2 通电，常开触点闭合，门锁执行机构通反向电流，执行开门动作。汽车行驶时，若车门未锁，且车速低于 10km/h，则置于车速表内的车速感应开关闭合，此时稳态电路不向三极管 VT_1 提供基极电流；当车速高于 10km/h 时，车速感应开关断开，此时稳态电路向三极管 VT_1 提供基极电流，VT_1 导通，定时器触发端经 VT_1 和车门报警灯开关搭铁，如同按下锁门开关一样，使车门锁定，从而保证行车安全。

2. 门锁控制开关

门锁控制器的工作状况是由门锁控制开关控制的。

（1）中央门锁控制开关。

中央门锁控制开关安装在左前门和右前门的内侧把手上，如图 8-18 所示，在车内用来控制全车车门的开启与锁止。

（2）钥匙控制开关。

钥匙控制开关安装在左前门和右前门的外侧把手上，如图 8-19 所示。当从车外面用钥匙开门或锁门时，钥匙控制开关发出开门或锁门信号给门锁控制单元，实现车门的开启或锁止。钥匙的功能是实现在车门外面锁门或开门，同时钥匙是点火开关、燃料箱、行李箱等全车设置锁的公用钥匙。

图 8-18　中央门锁控制开关

图 8-19　钥匙控制开关

（3）行李箱门开启器开关。

行李箱门开启器开关位于汽车的仪表板下方，拉动此开关便能打开行李箱门。不同车型的行李箱门开启器开关有所不同。图 8-20 所示的行李箱门开启器开关操作时，先用钥匙顺时针旋转打开行李箱门开启器主开关，再使用行李箱门开启器开关打开行李箱。

（4）门控开关。

门控开关用来检测车门的开闭情况。车门打开时，门控开关接通；车门关闭时，门控开关断开。

3. 门锁执行机构

门锁执行机构的任务是在外电路的控制下，使其通电极性发生改变，从而改变运动方向，带动门锁连杆机构完成开锁和闭锁的功能。

电磁线圈式门锁执行机构如图 8-21 所示，其内部有两个电磁线圈，分别用于开门和锁门。当给锁门线圈通电时，衔铁带动连杆左移，即锁门；当给开门线圈通电时，衔铁带动连杆右移，即开门。

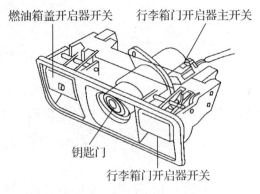

图 8-20　行李箱门开启器开关

图 8-21　电磁线圈式门锁执行机构

引导问题 3. 电控门锁系统是如何用电路控制的呢?

宝骏 510 汽车电控门锁系统控制电路图如图 8-22 所示。

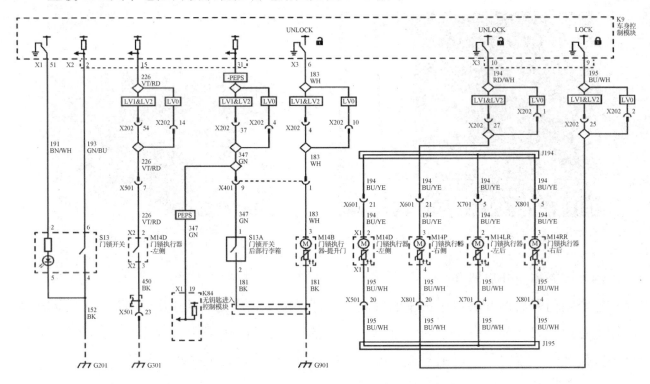

图 8-22　宝骏 510 汽车电控门锁系统控制电路图

在宝骏 510 汽车电控门锁系统中,门锁是由车身控制模块(BCM)控制的。车身控制模块接收来自遥控器、钥匙插入信号开关、门锁开关信号及动力控制模块(PCM)输出的挡位信号,经过内部计算机的分析计算,通过其输出电路实现对门锁执行器、行李箱释放继电器、门控灯、喇叭及前照灯的控制。

1. 所有车门开锁

在电控门锁系统中,左前门有一个门锁开关。按压门锁开关上的开锁按钮(UNLOCK)时,车身控制模块使所有车门开锁。

按下左前门门锁开关上的开锁按钮时,车身控制模块接通 X3/10# 触点电路,为 4 个门锁执行器供电。4 个门锁执行器通过电路 195 至车身控制模块 X3/9#常闭触点搭铁。电流通过 4 个门锁执行器使所有车门开锁。

2. 所有车门上锁

同理，按下门锁开关上的锁止按钮（LOCK）后，车身控制模块接通 X3/9#触点电路，为 4 个门锁执行器供电。4 个门锁执行器通过电路 194 至车身控制模块 X3/10#常闭触点搭铁。电流通过 4 个门锁执行器使所有车门同时锁止。

引导问题 4. 电控门锁系统是如何检修的呢？

电控门锁系统的检修方法如下。

由于车型不同，电控门锁系统的结构和原理存在较大差异。因此，在检修之前应先查阅制造制造商的维修手册，准确找出故障部位和产生故障的原因，然后进行必要的修理。

1. 电控门锁系统主要部件的检查

（1）门锁控制开关。使用万用表测量门锁控制开关在不同位置时的工作状态。首先应根据维修资料，找到开关的接线端子，一般开关处于 LOCK 或 UNLOCK 位置时对应的接线端子间的阻值应为零，处于 OFF 位置时对应的接线端子间的阻值应为∞。若检测结果符合上述要求，说明开关正常；若仅符合其中一个要求，则表明开关损坏，通常应直接更换。

（2）门锁控制继电器。门锁控制继电器是由电子电路控制的继电器，它包括控制电路和继电器两部分，主要用于为门锁执行器提供脉冲工作电流，因此也被称为门锁定时器。检测时，需测量其输出状态，以此判断是否存在故障，并做出相应的处理。

（3）门锁执行器。门锁执行器有电磁铁机构、直流电动机等类型。可通过直接通电的方式，检查其是否具备开锁和闭锁两种工作状态，从而判断执行器是否损坏。

2. 电控门锁系统故障的检修

电控门锁系统的常见故障及检修方法如下。

（1）操作门锁控制开关，所有门锁均不动作。

此类故障一般发生在电源电路中。首先检查熔断器是否熔断，若熔断应及时更换。若更换熔断器后又迅速熔断，表明电源与门锁执行器之间的线路存在搭铁不良或短路故障，可使用万用表查找搭铁位置，从而排除故障。

若熔断器良好，则需检查线路接头是否松脱、搭铁是否稳固、导线是否折断。可在门锁控制开关电源接线柱和定时器或门锁继电器电源接线柱上测量该处的电压，判断输入电控门锁系统的电源线路是否良好。

（2）操作门锁控制开关，不能开门（或锁门）。

此类故障由开门（或锁门）继电器、门锁控制开关损坏导致，具体原因可能是继电器线圈烧断、触点接触不良、开关触点烧坏或导线接头松脱。

（3）操作门锁控制开关，个别门锁不能动作。

此类故障仅出现在相应车门上，可能是连接线路断路或松脱、门锁电动机（或电磁铁式执行器）损坏、门锁连杆操纵机构损坏所致。

（4）速度控制失灵。

当车速高于规定车速时，门锁无法自动锁定。故障原因主要包括车速感应开关触点烧蚀、车速传感器损坏或车速控制电路出现故障。检修时，首先应检查电路中各接头是否接触良好、搭铁是否稳固、电源线路是否存在故障；然后，检查车速感应开关和车速传感器。对于车速传感器，可采用试验检测或代换法进行检查。即以新传感器替换被检传感器，若故障消失，则说明被检传感器损坏；若故障仍存在，则应进一步检查速度控制电路中的各个元器件是否损坏。

二、任务实施

（1）检查主开关或门锁操作。

如果用左前门门锁不能进行手动上锁/开锁操作，则转到步骤（4）；如果用主开关不能进行手动上锁/开锁操作，则进行下一步操作。

（2）检查电控门锁开关。

① 拆下电控门锁开关。

② 用万用表检查门锁控制开关的导通性，其标准应符合表 8-3 所示的要求。

表 8-3　门锁控制开关的导通性标准

开关端子号	开关位置	标准状态
1—5	LOCK	导通
—	OFF	不导通
1—8	UNLOCK	导通

如果不正常，则更换电控门锁开关；如果正常，则进行下一步。

（3）检查左前门门锁总成。

施加蓄电池电压，检查门锁电动机的动作状态，其标准应符合表 8-4 所示的要求。

表 8-4　门锁电动机的动作状态标准

符号（端子号）	门锁电动机的动作状态
蓄电池正极（B+）—端子（　　#） 蓄电池负极（B-）—端子（　　#）	上锁
蓄电池正极（B+）—端子（　　#） 蓄电池负极（B-）—端子（　　#）	开锁

（4）用万用表测量左前门门锁总成至 BCM 线束的阻值（见表 8-5），其阻值应小于 2Ω，如果阻值超过 2Ω，则应修理线束及接插件。

表 8-5　线束阻值标准

电动机（端子号）	BCM（端子号）	测量结果
端子（　　#）	端子（　　#）	小于2Ω　是□　否□
端子（　　#）	端子（　　#）	小于2Ω　是□　否□

三、项目考题与配分评分表

1. 电控门锁系统检查保养模拟考题

姓名			学号		
考试开始时间		考试结束时间		总计（分）	
自评：□合格□不合格		组长评：□合格□不合格		教师评：□合格□不合格	教师签字：
考核项目：电控门锁系统检查保养实操考核报告					
一、车辆信息记录					
品牌		整车型号		生产日期	
发动机型号		发动机排量		行驶里程	
车辆识别码					

二、电控门锁系统电动机检测

检测项目	检测数据	检测项目	检测数据
左前门门锁电动机阻值	Ω	左前门门锁电动机开、闭锁电压	V
右前门门锁电动机阻值	Ω	右前门门锁电动机开、闭锁电压	V
左后门门锁电动机阻值	Ω	左后门门锁电动机开、闭锁电压	V
右后门门锁电动机阻值	Ω	右后门门锁电动机开、闭锁电压	V

三、电控门锁系统电动机信号线检测

检测项目	检测数据	检测项目	检测数据
左前门门锁电动机开锁信号线与BCM 开锁信号线端对端阻值	Ω	左前门门锁电动机闭锁信号与BCM 闭锁信号端对端阻值	Ω
右前门门锁电动机开锁信号线与BCM 开锁信号线端对端阻值	Ω	右前门门锁电动机闭锁信号与BCM 闭锁信号端对端阻值	Ω
左后门门锁电动机开锁信号线与BCM 开锁信号线端对端阻值	Ω	左后门门锁电动机闭锁信号与BCM 闭锁信号端对端阻值	Ω
右后门门锁电动机开锁信号线与BCM 开锁信号线端对端阻值	Ω	右后门门锁电动机闭锁信号与BCM 闭锁信号端对端阻值	Ω

四、电控门锁系统功能检查

检查项目	检查结果	检查项目	检查结果
遥控功能检查	正常□　异常□	左后门儿童锁功能	正常□　异常□
中央门锁控制开关功能检查	正常□　异常□	右后门儿童锁功能	正常□　异常□
机械钥匙进入功能检查	正常□　异常□	BCM 熔断器导通性	正常□　异常□
各车门门锁动作功能检查	正常□　异常□	BCM 搭铁线对地导通性	正常□　异常□

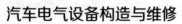

2. 电控门锁系统检查保养配分评分表

评分项	得分条件	评分标准	配分
情意面 （作业安全） （职业操守）	1. 能进行工位 9S 操作（总分 4 分） 　□1.1 整理、整顿（1 分） 　□1.2 清扫、清洁（1 分） 　□1.3 节约、安全（1 分） 　□1.4 服务、满意、素养（1 分） 2. 能进行设备和工具安全检查 （总分 5 分） 　□2.1 检查作业所需要的工具设备是否完备，有无损坏（0.5 分） 　□2.2 检查作业环境是否配备灭火器（0.5 分） 　□2.3 检查检测设备的电量是否充足（2 分） 　□2.4 检查检测设备的插头及电缆的放置位置是否安全（2 分） 3. 能进行车辆安全防护操作（总分 3 分） 　□3.1 正确安装车辆绝缘翼子板布和格栅垫（1 分） 　□3.2 正确安装车内四件套（1 分） 　□3.3 正确安装后车轮挡块（1 分） 4. 能进行工具量具清洁校准存放操作（总分 3 分） 　□4.1 使用工具前对工具量具进行校准（1 分） 　□4.2 使用工具后对工具量具进行清洁（1 分） 　□4.3 作业完成后对工具量具进行复位（1 分） 5. 能进行三不落地操作（总分 5 分） 　□5.1 作业过程中做到工具不落地（1 分） 　□5.2 作业过程中做到零件不落地（2 分） 　□5.3 作业过程中做到设备不落地（2 分）	依据得分条件进行评分，按要求完成的在□中打√，未按要求完成的在□中打×并扣除对应分数，扣分不得超过 20 分	20 分
技能面 （应用技能） （操作技能）	1. 能正确查询电路图、课本排除电控门锁系统故障（总分 20 分） 　□1.1 能根据电路图测量电控门锁各线路端对端的导通性（4 分） 　□1.2 能测量电控门锁开锁、闭锁电动机端的电压（4 分） 　□1.3 能正确测量电控门锁电动机的阻值（4 分） 　□1.4 能正确判断电控门锁电动机是否正常（2 分） 　□1.5 能正确判断电控门锁中控开关是否正常（2 分） 　□1.6 能根据电路图找到 BCM 搭铁线并测量导通性判断是否正常（4 分） 2. 能按步骤顺序正确拆装门饰板及电控门锁总成（总分 20 分） 　□2.1 能选用合适工具拆下电控门锁固定螺钉并撬开门饰板（4 分） 　□2.2 能找到电控门锁电动机插头并松开卡扣将电动机插头取下（4 分） 　□2.3 能选用合适工具将电控门锁上的电动机拆下并放置在工作台上（4 分） 　□2.4 能选用合适工具拆下电控门锁进行检查或更换电控门锁等电子元器件（2 分） 　□2.5 能选用合适工具拆下电控门锁上的驱动电动机（2 分） 　□2.6 能按拆卸的逆顺序和安装技术要求装复好电控门锁的各零部件（4 分）	依据得分条件进行评分，按要求完成的在□中打√，未按要求完成的在□中打×并扣除对应分数，扣分不得超过 40 分	40 分

续表

评分项	得分条件	评分标准	配分
作业面 （保养作业） （拆装作业） （维修作业）	1．能正确进行左前门中央门锁控制开关功能、遥控功能检查（总分 20 分） 　□1.1 按下中央门锁控制开关（开锁）判断开锁是否正常（5 分） 　□1.2 按下中央门锁控制开关（锁止）判断锁止是否正常（5 分） 　□1.3 按下电控门锁遥控（开锁）键判断开锁是否正常（5 分） 　□1.4 按下电控门锁遥控（锁止）键判断锁止是否正常（5 分） 2．能正确进行机械钥匙进入功能检查（总分 20 分） 　□2.1 插入钥匙至左前门钥匙孔内顺时针转动钥匙判断锁止是否正常（5 分） 　□2.2 插入钥匙至左前门钥匙孔内逆时针转动钥匙判断开锁是否正常（5 分） 　□2.3 插入钥匙至左后门儿童锁孔内转动钥匙判断儿童锁是否正常（5 分） 　□2.4 插入钥匙至右后门儿童锁孔内转动钥匙判断儿童锁是否正常（5 分）	依据得分条件进行评分，按要求完成的在□中打√，未按要求完成的在□中打×并扣除对应分数，扣分不得超过 40 分	40 分

课后习题

一、填空题

1．电动车窗的控制分为_____控制和_____控制两种。

2．电控门锁系统由_____、_____、门锁执行机构等主要部分组成。

3．电控门锁系统按发展过程划分，一般可分为_____系统、_____系统、_____系统和遥控式电控门锁系统。

4．电动座椅的控制电路原理与电动车窗的控制电路原理相似，即通过调整开关控制双向直流电动机的_____方向。

5．钥匙控制开关装在_____门和_____门的外侧把手上。

二、选择题

1．一侧电动后视镜不能动的故障原因是（　　）。

　A．电动机损坏　　　B．后视镜开关损坏　　C．搭铁不良　　　D．以上均有可能

2．中央门锁控制开关用于控制所有车门门锁的开关，其安装在（　　）。

　A．左前门和右前门的内侧把手上　　　　B．每个车门上

　C．门锁总成中

3．中央门锁控制开关的作用是（　　）。

　A．在任意一车门外侧实现开锁和锁门动作

　B．在任意一车门内侧实现开锁和锁门动作

　C．在左前车门内侧实现开锁和锁门动作

三、简答题

1. 电动车窗的常见故障有哪些?

2. 简述电动后视镜的控制电路及工作原理。

3. 电控门锁系统的分类有哪些?

4. 电控门锁系统的常见故障有哪些?

项目九

汽车空调系统的结构与检修

 项目概述

汽车空调系统是汽车的重要组成部分，若使用及维护不当，极易出现制冷不够、不制冷及异响等故障。为了实现汽车空调系统的合理使用及维护，必须学习汽车空调的基础知识、制冷系统的构造与维修及其控制系统等知识，掌握空调系统的正确操作和维护方法，以及常见故障的诊断技能。

 项目目标

知识目标

1. 了解空调系统的组成及各控制器件的功能。
2. 理解汽车空调的结构原理和控制过程。
3. 理解汽车空调的使用与维护内容。

技能目标

1. 掌握压力表和检漏仪的使用方法，能进行空调的维护。
2. 能正确查阅相关车型的维修电路图，通过识读电路图分析和解决故障。
3. 能进行汽车空调常见故障的诊断与排除。

素养目标

1. 提升学生团队互助意识。
2. 培养学生发现问题、解决问题的能力。
3. 培养学生专业、专注的能力。
4. 培养学生精益求精的工匠精神、职业自信的能力。

学习任务一 汽车空调制冷系统的组成

 情景描述

某日，王先生来到汽车 4S 店反馈，他的宝骏 510 汽车开启空调制冷系统后，出风口不出凉风。经初步检查，压缩机、冷凝器及鼓风机工作正常，但储液罐至蒸发器之间的管路结霜。用压力表测试，系统低压侧呈真空状态，高压侧压力异常升高（环境温度为 30~50℃，发动机转速为 1500~2000r/min，高压为 195~250N/cm²）。作为汽车维修技师，你接到此类汽车空调检修任务，要求熟悉汽车空调制冷系统的构造并掌握其维修方法，然后制订维修计划，得到经理确认后，完成此任务，提交一份分析报告并归档。

故障原因分析：

（1）膨胀阀脏堵。

（2）膨胀阀机械故障（如感温包泄漏，使膨胀阀打不开，制冷剂不循环）。

（3）高压管路堵塞。

一、知识链接

引导问题 1. 汽车空调系统的组成、功能及类型是什么？

一、汽车空调系统的组成、功能及类型

1. 汽车空调系统的组成

现代汽车空调系统由制冷系统、取暖系统、通风系统、空气净化系统及控制系统组成。其中，制冷系统负责把车内空气或吸进来的新鲜空气冷却或除湿；取暖系统负责把车内空气或吸进来的新鲜空气加热；通风系统负责把车外新鲜空气吸进车内进行换气；空气净化系统负责净化空气，除去车内存在的灰尘和气味；控制系统负责对制冷和取暖系统进行控制，使其正常工作。汽车空调系统主要部件如图 9-1 所示。

2. 汽车空调系统的功能

（1）调节车内温度。汽车空调在冬季利用其取暖系统升高车内温度，在夏季利用其制冷系统降低车内温度。

（2）调节车内湿度。汽车空调先利用其制冷系统冷却降温，去除空气中的水分，再利用其取暖系统升温以降低空气的相对湿度。

（3）调节车内的空气流速。夏季空气流速稍大有利于人体散热和降温，而冬季空气流速过大会影响人体保温。因此，夏季的舒适风速一般为 0.25m/s，冬季的舒适风速一般为 0.20m/s。

（4）过滤净化车内空气。由于车内空间小，极易使车内缺氧，而车外的灰尘又容易进入车内造成空气污浊，因此要求空调系统必须具备补充车外新鲜空气、过滤和净化车内空气的功能。

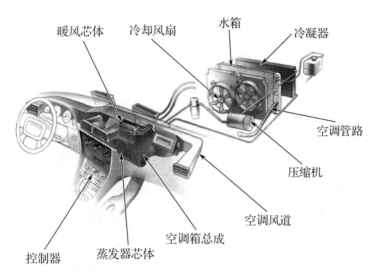

图 9-1　汽车空调系统主要部件

3. 汽车空调系统的类型

（1）按驱动方式划分：独立式（专用一台发动机驱动压缩机，制冷量大，工作稳定，但成本高，体积及质量大，多用于大、中型客车）和非独立式（空调压缩机由汽车发动机驱动，制冷性能受发动机工作影响较大，稳定性差，多用于小型客车和轿车）。

（2）按空调性能划分：单一功能型（将制冷、供暖、通风系统各自安装，单独操作，互不干涉，多用于大型客车和载货汽车上）和冷暖一体型（制冷、供暖、通风共用鼓风机和风道，在同一控制板上进行控制，工作时可分为冷、暖风分别工作的组合式和冷、暖风可同时工作的混合调温式。轿车多用混合调温式）。

（3）按控制方式划分：手动式（拨动控制板上的功能键对温度、风速、风向进行控制）和电控气动调节式（利用真空控制机构，当选好空调功能键时，就能在预定温度内自动控制温度和风量）。

二、制冷剂与冷冻机油

1. 制冷剂

制冷剂（俗称"冷媒"）是制冷系统中的一种工作介质，通过自身相态的变化来实现热交换，从而达到制冷的目的。国际上用英文字母 R 来表示。

汽车空调系统所用的制冷剂主要有 R12 和 R134a 两种。R12 制冷剂的分子式为 CF_2C1_2，其是一种无色、无味、无毒的气体，价格相对低廉，且可回收重复使用，但它对大气臭氧层有一定的破坏作用。因此，近年来已被环保型 R134a 制冷剂取代。R134a 制冷剂的分子式为 CH_2FCF_3，其是一种不会破坏臭氧层的制冷剂，无毒、无臭，与空气混合不爆炸。在使用中，绝对禁止两种制冷剂交换使用。

R134a 的物理数据：沸点为-26.1℃；凝固点为-103℃；临界温度为-100.1℃；临界压力为 4.06MPa。

2. 冷冻机油

冷冻机油是制冷设备所需的润滑油，是保证压缩机正常运转的必要条件，可让压缩机正常、可靠工作，并延长其使用寿命。

（1）冷冻机油的作用。

① 润滑作用。压缩机是高速运动的机器，其轴承、活塞、活塞环、连杆和曲轴等零件表面需要润滑，以减少阻力和磨损、延长使用寿命、降低功耗、提高制冷系数。

② 密封作用。汽车使用的压缩机都是半封闭式的，所以压缩机的输入轴承需要用油封密封，以防制冷剂泄漏，此处的润滑油与油封配合，起密封的作用。同时，活塞环上的润滑油，不仅起减小摩擦的作用，而且起密封的作用。

③ 冷却作用。运动的摩擦表面会产生高温，需要用冷冻机油来冷却。冷冻机油冷却不足，会引起压缩机温度过热、排气压力过高、降低制冷系数，甚至烧坏压缩机。

④ 降低压缩机噪声。制冷剂可溶解润滑油，小型制冷设备的润滑油和制冷剂一起进行循环。不同的制冷设备有不同的排气温度和压力要求，对冷冻机油的性能要求也不尽相同。正确选用冷冻机油是非常重要的。

（2）冷冻机油的性能要求。

冷冻机油与制冷剂互溶性要好；要有适当的黏度及良好的黏温特性；要有良好的低温流动性；要有良好的化学稳定性；吸水性要小。

目前能与 R134a 相匹配的润滑油仅有聚烃基乙二醇（PAG）和聚酯油（ESTER）两类。从表 9-1 和表 9-2 可见，ESTER 与 R134a 的相溶性优于 PAG 与 R134a 的相溶性。

表 9-1 用于 R134a 汽车空调的冷冻润滑油特性

性能润滑油			PAG	ESTER
黏度（$10^{-6}m^2/s$）	40℃	65.1	96.8	
	100℃	10.8	10.3	
黏度指数			187	95
两相分离时温度/℃	高温	46	80 以上	
（油/R134a=2/8）	低温	50 以下	-23	
饱和含水量（25℃）/%			2.6	0.15

表 9-2 PAG、ESTER 和矿物油的油性比较

性能润滑油		PAG	ESTER	矿物油
相溶性	与 R134a	较好	很好	不溶
	与 R12	不溶	很好	很好
	与矿物油	不溶	少量溶解	很好
黏热稳定性		差	—	好

续表

性能润滑油	PAG	ESTER	矿物油
吸湿性	差	较差	较好
润滑性	差	较好	较好
与弹性材料相溶性	差	差	较好
抗镀铜能力	差	较好	好
抗绝缘性	差	较好	好

引导问题 2．汽车空调制冷系统的组成及工作原理是什么？

一、汽车空调制冷系统的组成及工作原理

汽车空调制冷系统多种多样，但其基本结构相差不大。一般空调制冷系统由压缩机、冷凝器、储液罐（储液干燥器）、膨胀阀、蒸发器、鼓风机等部分组成。

图 9-2 所示为空调制冷系统的组成及工作原理。制冷循环由压缩、放热、节流和吸热四个过程组成。

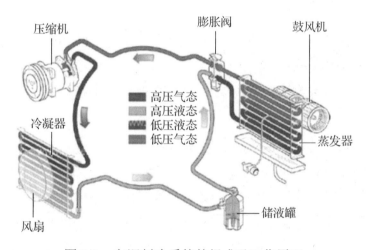

图 9-2　空调制冷系统的组成及工作原理

1．压缩过程

压缩机吸入蒸发器出口处的低温低压制冷剂气体，先把它压缩成高温高压的气体，然后送入冷凝器。压缩过程的主要作用是压缩增压，以便气体易于液化。压缩过程中，制冷剂的状态不发生改变，仅温度和压力不断升高，形成过热气体。

2．放热过程

高温高压的过热制冷剂气体进入冷凝器（散热器）与大气进行热交换。由于压力及温度的降低，制冷剂气体冷凝成液体，并放出大量的热。放热过程的作用是排热、冷凝。冷凝过程的特点是制冷剂的状态发生变化，即在压力、温度不变的情况下，制冷剂由气态逐渐向液态转变。冷凝后的制冷剂液体处于高压常温状态。制冷剂液体过冷，过冷度越大，其在蒸发过程中吸热能力就越强，制冷效果越好，即产冷量相应增加。

3. 节流过程

高温高压制冷剂液体经膨胀阀节流降温降压，以雾状（细小液滴）排出膨胀装置。节流过程的作用是使制冷剂降温降压，由高温高压液体迅速变成低温低压液体，便于后续吸热，同时控制制冷能力并维持制冷系统正常运行。

4. 吸热过程

经膨胀阀降温降压后的雾状制冷剂液体进入蒸发器，由于此时制冷剂的沸点远低于蒸发器内的温度，故制冷剂液体在蒸发器内蒸发并沸腾成气体。在蒸发过程中，制冷剂大量吸收周围的热量，降低车内温度。随后，低温低压的制冷剂气体流出蒸发器，等待压缩机再次吸入。吸热过程的特点是制冷剂状态由液态变化到气态，此时压力不变，即在定压条件下进行这一状态的变化。

上述过程周而复始地进行，便可使汽车内温度达到并维持在设定的状态。

二、汽车空调制冷系统的主要部件

1. 压缩机

压缩机由汽车发动机或专用发动机驱动，其功能是吸入低温低压的制冷剂气体，并将其压缩到所需压力后送入冷凝器。

目前，正式应用在汽车空调上的压缩机不少于 30 种，本项目主要介绍摇板式活塞压缩机和斜盘式活塞压缩机。

（1）摇板式活塞压缩机。摇板式活塞压缩机具有结构紧凑、工作平稳、质量小等特点，其各气缸以压缩机轴线为中心布置，主要部件有主轴、斜盘、固定锥齿轮、活塞、缸体、前/后端盖、进气阀片和排气阀片等。当主轴驱动斜盘摇摆，斜盘带动活塞做轴向运动，气缸容积增大时，进气阀片打开，低温低压气态制冷剂被吸入气缸；当气缸容积减小时，气缸内制冷剂被压缩，打开排气阀片，同时封闭进气阀片，制冷剂以高温高压的形式排出。摇板式活塞压缩机的结构如图 9-3 所示。

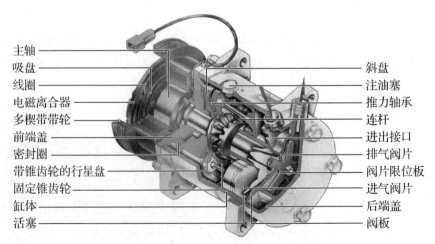

图 9-3　摇板式活塞压缩机的结构

（2）斜盘式活塞压缩机。斜盘式活塞压缩机是一种轴向往复活塞式压缩机，目前它是汽车空调压缩机中使用最为广泛的一种。斜盘式和摆盘式活塞压缩机同属于轴向往复活塞式压缩机。斜盘式活塞压缩机是无连杆结构的，所以工作可靠，结构也很紧凑，体积小，质量小，排气脉冲比曲轴连杆式的排气脉冲小；由于它也是轴向卧式结构的，所以能方便地直接安装在发动机机体上，而不需要另配机架，这些都是斜盘式活塞压缩机的优点。斜盘式活塞压缩机的结构如图 9-4 所示。

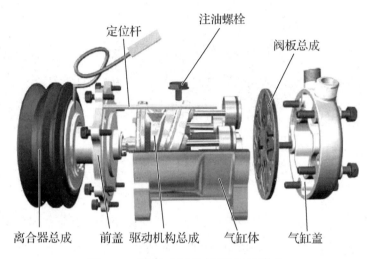

图 9-4　斜盘式活塞压缩机的结构

2. 冷凝器

冷凝器的作用是把高温高压气态制冷剂的热量传给大气，使制冷剂冷凝成液体。冷凝器通常布置在车头散热水箱前面，由冷却系统风扇或冷凝器风扇或两者共同对其进行冷却。汽车空调系统的冷凝器（包括蒸发器）是一种由铝制芯管与铝散热片组合起来的热交换设备。冷凝器的作用是将压缩机排出的高温高压制冷剂蒸气进行冷却，并使其凝结为液体，凝结时所放出的热量被排至大气中。冷凝器的材料可以是铜、钢、铝，现在以铝质居多。管子做成各种盘管状，散热片不仅可增大冷凝器的散热面积，而且可支承盘管。汽车空调制冷系统中的冷凝器，常用的有以下几种。

（1）管片式（管翅式）冷凝器。管片式冷凝器（见图 9-5）的制作工艺简单，它是由在圆铜管上焊上 0.2mm 厚的铝片组合而成的。这是较早采用的一种冷凝器形式，目前主要用在大、中型客车的冷气装置上。

（2）管带式冷凝器。管带式冷凝器（见图 9-6）目前普遍应用于小型汽车上。它采用一整根扁形管，弯成蛇形状。管内用隔筋隔成若干个孔道，管外用 0.2mm 厚的铝片焊在上下两管外皮处，铝片折成皱纹状以增大散热面积。这种冷凝器结构紧凑（单管多孔）、质量小（全部铝质）、可靠性高（不用多处弯头焊接），但其管内制冷剂流动阻力要高于管片式冷凝器管内制冷剂流动阻力。

（3）平流式冷凝器。平流式冷凝器是为汽车空调使用新型制冷剂 R134a 而开发并投放市场的。制冷剂先由输入端接头进入圆柱主管中，再分别同时流入多个扁管，并平行地流至对面的主管，最后集中经过跨接管流至冷凝器的输出端接头。平流式冷凝器具有制冷剂侧的压力损失小、导热系数高、制冷剂充注量少等特点。平流式冷凝器适合与采用 R134a 作为制冷剂的制冷系统配套使用，如图 9-7 所示。

图 9-5　管片式冷凝器　　　　　图 9-6　管带式冷凝器　　　　　图 9-7　平流式冷凝器

3．蒸发器

蒸发器和冷凝器一样，也是一种热交换器，可使液态雾状制冷剂在其间蒸发冷却，是制冷循环中获得冷气的直接器件。蒸发器外形近似冷凝器，但比冷凝器窄、小、厚。

蒸发器有管片式、管带式和层叠式等类型。管片式蒸发器结构简单、加工方便，但热交换效率较差。管带式蒸发器比管片式蒸发器工艺复杂，热交换效率可提高 10%左右。层叠式蒸发器的加工难度最大，但其热交换效率最高，结构最紧凑。

4．储液罐

储液罐又称储液干燥器。采用储液干燥器的目的是防止过多的制冷剂通过压缩机储存在冷凝器里，从而使冷凝器的传热面积减小、散热效率降低。此外，储液干燥器还可滤除制冷剂中的杂质，吸收制冷剂中的水分，防止制冷系统管路堵塞，保护设备部件不受侵蚀，从而保证制冷系统的正常工作。

储液干燥器一般都是密封焊接的钢质或铝质压力容器，一般不能拆装。在行业内，维修技师普遍将其简称为"干燥罐"。这种容器内部配置干燥剂和过滤网，从冷凝器出来的高压液态制冷剂从上部进入罐中，经过过滤和干燥后，从底部（液体制冷剂区域）由引管排出至膨胀阀。观察制冷剂流动情况的镜片正对着流出来的制冷剂。储液干燥器结构如图 9-8 所示。

5．膨胀节流装置

汽车空调制冷系统用的节流装置有膨胀阀和节流孔管，它们的功能是当高温高压液态制冷剂经过这类小孔径装置后，其流量受到节制而减少。减少流量的制冷剂进入有较大空间的蒸发器后，压力降低，制冷剂雾化成液态，温度随压力降低而降低。压力的降低使得制冷剂蒸发膨胀，同时要吸收大量热量。车厢内的空气热量经过蒸发器时被蒸发的制冷剂吸收，从而使车厢降温。

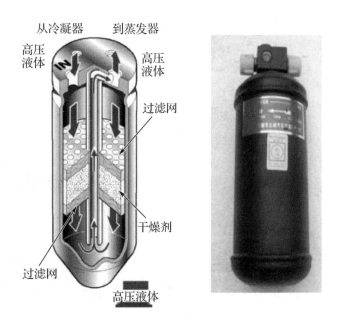

图 9-8 储液干燥器结构

膨胀节流装置较常见的有内、外平衡式膨胀阀，H 型膨胀阀，固定孔径的节流孔管。H 型膨胀阀反应快、结构紧凑，宝骏 510 汽车和国产切诺基汽车都采用了 H 型膨胀阀，其结构如图 9-9 所示。

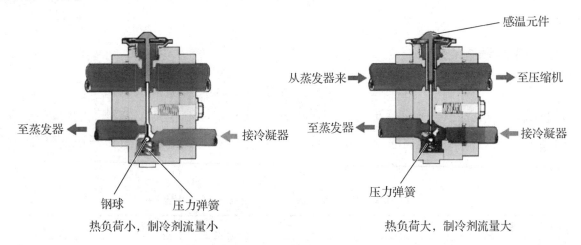

图 9-9 H 型膨胀阀的结构

引导问题 3. 汽车空调取暖、通风、空气净化系统的组成及工作原理是什么？

一、汽车空调取暖系统

1. 水暖式取暖系统

水暖式取暖系统的基本组成有加热器、鼓风机、通风道等，如图 9-10 所示。水暖式取暖系统的热源是发动机冷却液，通常利用冷却发动机后的一部分高温冷却液通过热水阀和加热器软管引入加热器，加热器再通过热交换将冷却液的热量传递给周围空气，并由鼓风机将热空气吹入车内来提高车内的温度。

水暖式取暖系统必须在发动机冷却液温度上升到大循环时才能供暖，而在寒冷季节会造成供暖不足，或者影响发动机正常水温的建立，从而影响正常工作。

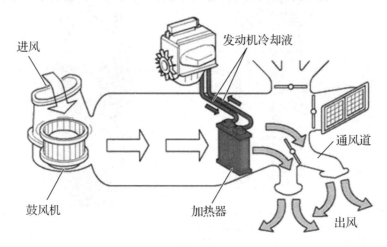

进风　　发动机冷却液　　通风道　　鼓风机　　加热器　　出风

图 9-10　水暖式取暖系统结构图

2．气暖式取暖系统

　　气暖式取暖系统工作时，通过废气阀门将汽车废气引入热交换器中，利用废气的热量将冷空气加热。加热后的空气由暖风机送入各出风口，用来取暖或除去玻璃上的霜。这种系统已被淘汰。

二、汽车空调通风系统

　　汽车空调通风系统将新鲜空气引入车内，使车内空气质量得到改善的过程叫作通风。汽车空调通风系统的作用是在保持车内适宜温度的情况下，尽量提高车内空气的含氧量，并降低二氧化碳、灰尘、烟气等有害气体的浓度，为车内驾乘人员提供健康和舒适的环境。空气中二氧化碳的含量对人体的影响如表 9-3 所示。

表 9-3　空气中二氧化碳的含量对人体的影响

空气中二氧化碳的含量（体积分数）	对人体的影响
0.015～0.02	呼吸急促、持续作用会破坏人体电解质平衡，人会感到轻度头痛
0.02～0.03	头痛加剧、呼吸困难、气喘、出汗、不能进行体力劳动
0.04	精神沮丧、思维知觉减退
0.05	有昏迷危险

　　汽车空调通风分为自然通风和强制通风两种方式。自然通风方式是利用汽车行驶时产生的风压，将外部空气引入车内，空气的引入口设在正压部位，车内空气的排出口设在负压部位。强制通风方式是使用风机强制引入外部空气，其引入口和排出口要求和自然通风方式的一样。

1．自然通风方式

　　自然通风方式是利用汽车行驶时车身外表面的空气压力分布来进行通风的。图 9-11 所示为汽车车身表面的风压分布图。图 9-12 所示为动压通风时风的循环图。汽车进风口在车头部，属于正压区，且进来的空气比较新鲜；排风口在车尾部，属于负压区。

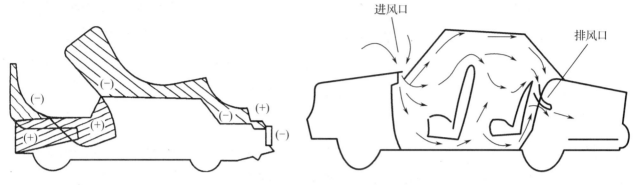

图 9-11　汽车车身表面的风压分布图　　　　图 9-12　动压通风时风的循环图

2. 强制通风方式

强制通风方式是利用风机强行引入一定比例的外部新鲜空气，与车内空气混合，再经处理（制冷、制热、去湿等）后通过通风配气系统送入车内。空调进风口都设有控制外来新鲜空气和车内空气比例的阀门。在开启空调初期和最大制冷（或供暖）位置时，外来空气阀门一般被关闭，空气由车内空气供给，以保证尽快降温（或升温）；在其他情况下，必须按比例引入外来新鲜空气，引入的空气比例一般占总量的 10%～35%。强制通风装置常见于高级汽车和豪华旅行汽车上。

三、汽车空调空气净化系统

汽车车外空气受到烟尘、粉尘及汽车尾气中一氧化碳和二氧化硫等有害气体的污染，而车内空气受到驾驶员和乘车人员呼出的二氧化碳、人体汗味及漏入车内的废气的污染。以上因素降低了车内空气的清洁度，因此现代汽车空调上装备了空气净化器，以清除车内空气的异味，去除车外空气中的花粉和灰尘，使空气净化。图 9-13 所示为空气净化器布置图。

图 9-13　空气净化器布置图

汽车空调空气净化系统主要有过滤除尘和静电除尘两种方式。

1. 过滤除尘

过滤除尘主要采用由过滤纤维、无纺布等组成的干式纤维过滤网对空气进行除尘。对于较大的尘埃，可利用其惯性作用附着在纤维孔壁上；对于微小颗粒，在围绕纵横交错的表面运动时，与纤维接触而沉积下来，并与纤维摩擦产生静电作用，被纤维吸附在其表面。

汽车空调中，一般采用化纤无纺布和各种人造纤维制成过滤网。因其结构简单，只需定期清理过滤网上的灰尘和杂物即可，故广泛用于各种汽车空调系统中。

2. 静电除尘

静电除尘利用高压电极产生高压电场，对空气进行电离，使尘粒带电，然后在电场作用下产生定向运动，沉降在正、负电极上，实现对空气的除尘。

引导问题 4. 汽车空调控制系统的组成及工作原理是什么？

为了保证汽车空调系统的正常工作，维持车内所需要的温度，汽车空调系统除了需要前面所讲的压缩机、蒸发器等部件，还需要一整套的控制系统，如温度控制、送风量控制、制冷剂的温度控制、压力控制、流量控制、电路及微型计算机控制等。对于非独立式空调系统，需要消耗发动机的动力和电源，这就影响了发动机的动力性和经济性，因而对汽车的动力性和运行的工况产生影响。为了保证汽车的各种工况都能不受空调的影响，还必须设置汽车工况控制装置。

一、汽车空调的控制元件

1. 电磁离合器

电磁离合器在汽车空调系统中起到按需控制压缩机启停的作用。当需要制冷时使压缩机啮合运转，无须制冷时则使其脱离动力传递。例如，当空调不工作或车内温度达到设定值时，压缩机将通过电磁离合器实现分离。电磁离合器主要由带轴承的皮带轮、带鼓的弹簧片和电磁线圈组成。带轴承的皮带轮安装在压缩机壳体的轴输出端，可自由转动；弹簧片的鼓状结构固定在压缩机驱动轴上，通过弹簧片与皮带轮连接；电磁线圈与压缩机壳体刚性连接，通电后产生磁场。电磁离合器的结构如图 9-14 所示。

电磁离合器的工作原理是发动机通过多楔皮带来驱动皮带轮，压缩机关闭时皮带轮空转。如果接通压缩机，那么电磁线圈中就有电流流过，于是产生磁场。该磁场将弹簧片拉靠到旋转着的皮带轮上（这时间隙 "A" 不存在），于是就在皮带轮和压缩机的驱动轴之间建立起力的传递关系，如图 9-15 所示。此时压缩机开始工作，只要电磁线圈中的电流不中断，压缩机就一直工作。电磁线圈中的电流中断后，弹簧力就将弹簧片从皮带轮上拉开。这时皮带轮又开始自由转动（不与压缩机轴一同转动）。

2. 调温器

调温器又称温控器，一般安装在蒸发器组件或靠近蒸发器组件的空调操作板上，调温器通过感测蒸发器的表面温度，将温度变化信号转化成空调控制电路的通断信号，以实现压缩机的循环通断控制。调温器在设置好的温度上使压缩机离合器结合或断开，从而起到调节车内温度、防止蒸发器结霜和避免压缩机产生液击现象等作用。调温器可分为机械式、电子式两种类型。

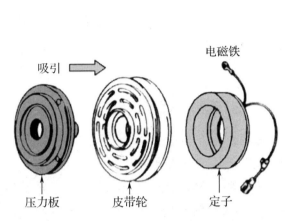

图 9-14　电磁离合器的结构

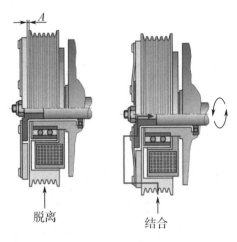

图 9-15　电磁离合器的工作原理图

3. 怠速控制装置

在非独立式空调系统中，压缩机由发动机驱动。当发动机处于怠速状态或汽车低速行驶时，空调系统工作容易出现下列问题。

散热效率下降：发动机在怠速或低速时，冷却液散热器的散热主要靠风扇，而低速时风压和风量均不充足，导致散热效果差，冷却液温度升高。同时，由于非独立式空调系统的冷凝器通常安装在散热器前面，这将进一步影响发动机散热器散热，发动机容易过热，从而影响发动机正常工作。

电能供应不足：发动机处于怠速时，发电机提供的电能严重不足，而空调系统运行需消耗大量电能，可能过度依赖蓄电池供电，加剧电气系统负担。

由于以上情况，再加上发动机的辐射热增加，冷凝器的冷凝温度和冷凝压力异常升高，从而压缩机功耗迅速增大。这样可能会引发两类问题：一是增加了发动机在怠速时的负荷，可能导致运转不稳定，甚至熄火；二是会引起电磁离合器打滑或传动带过度磨损。因此，为了保证汽车的怠速性能，由发动机带动压缩机的非独立式空调系统必须增加发动机怠速控制器。

4. 汽车加速切断装置

（1）机械式加速切断器。机械式加速切断器的开关是由加速踏板通过连杆或钢索来操纵的，当加速踏板行程达 90% 时，加速踏板触发切断器的控制簧片，切断电磁离合器电源，压缩机停止运转。此举可卸除压缩机动力负荷，使发动机功率集中用于克服加速阻力，确保车辆顺利超车。此外，切断器断开时，压缩机转速被限制在最高安全转速范围内，避免零件因过载损坏。

（2）电控加速切断控制。在现代电控发动机车辆上，加速切断功能是由电控系统来实现的。在空调开启状态下加速时，发动机 ECU 通过节气门位置传感器可以检测到加速情况及加速踏板行程。大部分有节气门拉索的电控汽车对加速踏板行程的检测是由节气门开度来计算的。当节气门开度达到 90%或 95%时，发动机 ECU 会停止向空调压缩机继电器供电，从而切断压缩机离合器线圈的电源。有的汽车是在加速踏板下面安装了位置检测开关，当加速踏板接近全行程时，位置检测开关闭合，这一开关信号直接传输至发动机控制单元，控制单元便会切断空调压缩机继电器，空调系统停止运行 8s 或更长时间。该功能常见于中高端车型，通过精准控制动力分配，提升加速性能并保护压缩机。

5. 空调压力开关

（1）高压开关。汽车空调在使用过程中，当出现散热片堵塞、风扇不转动或制冷剂充注过量等不正常状况时，系统压力会异常升高，此时若不停止压缩机的运转，过高的压力将导致压缩机损坏、管道破裂等故障。这时就可以利用高压开关进行操作。

（2）低压开关。低压开关一般装在制冷系统的高压端，用来防止压缩机在异常低压情况下工作。当系统压力异常偏低时，低压开关启动，触点断开，压缩机停转，从而起到保护作用。

二、计算机控制的全自动空调系统

1. 计算机控制的全自动空调系统的功能

（1）空调控制：温度自动控制、风量控制、运转方式的自动控制、换气量的控制等，以满足车内驾驶员与乘车人员对空调舒适性的要求。

（2）节能控制：压缩机运转工况的控制、换气量的最佳控制，以及随温度变化的换气切换，转入经济运行的控制，根据车室内外温度自动切断压缩机电源等的控制。

（3）故障、安全报警：制冷剂不足报警、制冷压力过高或过低报警、离合器打滑报警、各种控制器件的故障判断报警，且故障部位用指示灯报警，直到修复为止。

（4）故障诊断、储存：空调系统发生故障，计算机将故障以代码的形式储存起来，在需要修理时能指示故障的部位，所以很容易修理。

（5）显示：能显示给定的温度、控制温度、控制方式、运转方式的状况及运转时间等。

2. 计算机控制的全自动空调系统的组成

计算机控制的全自动空调系统主要由控制面板（见图 9-16）、各种传感器、控制器和执行器等组成，如图 9-17 所示。

图 9-16　宝骏 510 汽车全自动空调系统的控制面板

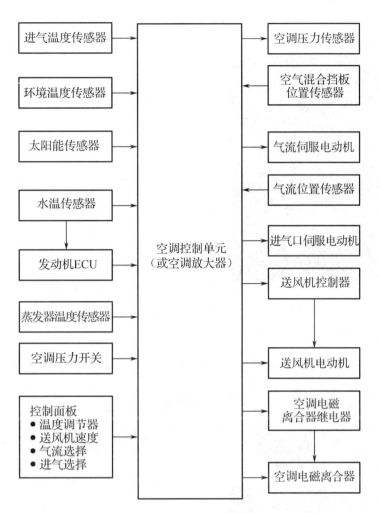

图 9-17　计算机控制的全自动空调系统的组成

二、任务实施

1. 在实训车辆上（宝骏 510 汽车）找到空调的主要部件

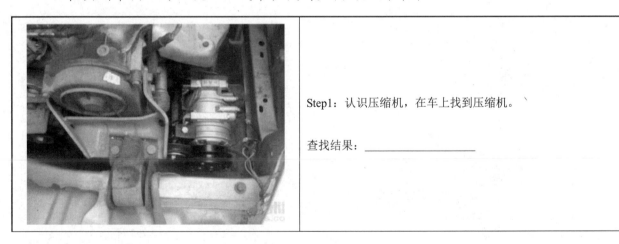

Step1：认识压缩机，在车上找到压缩机。

查找结果：＿＿＿＿＿＿＿＿＿＿

续表

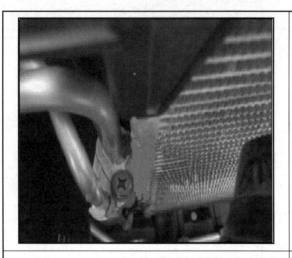	Step2：认识冷凝器，在车上找到冷凝器。 查找结果：＿＿＿＿＿＿＿＿＿
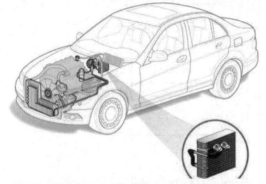	Step3：认识蒸发器，在车上找到蒸发器。 查找结果：＿＿＿＿＿＿＿＿＿
	Step4：认识膨胀阀，在车上找到膨胀阀。 查找结果：＿＿＿＿＿＿＿＿＿
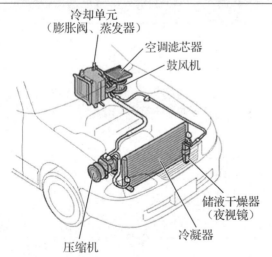	Step5：认识储液干燥器，在车上找到储液干燥器。 查找结果：＿＿＿＿＿＿＿＿＿

2. 在实训车辆上（宝骏510汽车）分析空调工作过程

	Step1：打开发动机机舱盖。 操作结果：_____
	Step2：启动发动机，运行空调系统。 操作结果：_____
	Step3：分别找出空调的高、低压管路部分，并分析制冷剂在管系统中的状态。 操作结果：_____

学习任务二　汽车空调控制系统的检修

情景描述

车主李先生来到汽车4S店反馈，他的宝骏510汽车在打开空调制冷系统后，出风口出风量小，且冷风温度不足。作为汽车维修技师，你接到此类汽车空调检修任务，需熟悉汽车空调制冷系统构造并掌握其维修方法，然后制订维修计划，得到经理确认后，完成此任务，提交一份分析报告并归档。

一、知识链接

引导问题1．歧管压力表结构及注意事项是什么？

歧管压力表由高压表、低压表、高压阀门（HDD）、低压阀门（LO）、低压端接口、真空泵或制冷剂罐接口和高压端接口等组成，如图 9-18 所示。歧管压力表配有不同颜色的三个连接软管，一般规定蓝色软管用于低压端接口（接低压阀门），红色软管用于高压端接口（接高压阀门），黄色（也有绿色）软管用在中间，接真空泵或制冷剂罐接口。歧管压力表功能如图 9-19 所示。使用时请注意以下事项。

（1）歧管压力表是一种精密仪表，必须细心维护以防损坏，且要保持清洁。

（2）不使用时，要防止水或脏物进入软管。

（3）使用时要把软管中的空气排出。

（4）压力表接头与软管连接时，只能用手拧紧，不能用工具拧紧。

（5）R12 与 R134a 不可使用同一个歧管压力表。两种制冷剂的歧管接头尺寸也不相同，操作时不要混淆。

（6）当压力表指针不能指向"0"位时需要校准压力表。

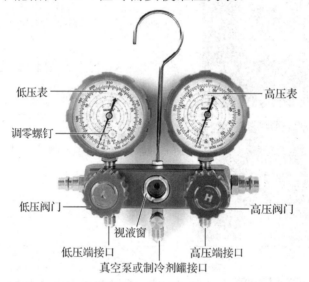

图 9-18　歧管压力表

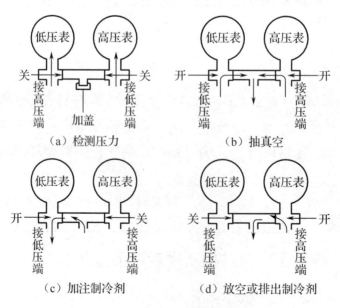

图 9-19　歧管压力表功能

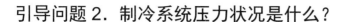

引导问题2. 制冷系统压力状况是什么？

制冷系统正常高压为1.2～1.8MPa，低压为0.12～0.3MPa。

通过储液干燥器上的玻璃观察窗，能看到较多气泡流过，且呈乳白混浊状。正常情况下应该能看到透明液体流过，只有当发动机转速发生变化时才有气泡。通过上述的观察与测量可以确定故障是制冷剂不足，系统存在泄漏点。

引导问题3. 制冷剂回收及注意事项有哪些？

1. 制冷剂回收

（1）把歧管压力表连接到系统上。

（2）启动发动机，并且使其转速达到1250～1500r/min。

（3）为了使系统稳定，把所有的空调控制装置设定到最大制冷位置。

（4）把发动机的转速减小到1000～1200r/min，并且使发动机运转15min。

（5）关闭空调控制装置。

（6）关闭发动机。

（7）把歧管压力表中间软管连接到制冷剂回收机上，打开高压端和低压端的歧管手动阀。

（8）启动制冷剂回收机，系统开始工作。当压力表指针指向"0"位时，关闭制冷剂回收机。

（9）观察5min，若压力没变化，则表明制冷剂回收完成。关闭高压端和低压端的歧管手动阀，以及制冷剂回收机的入口阀，拆下歧管压力表软管，装上所有保护帽。

2. 注意事项

（1）制冷剂不能直接排放到空气中，以免破坏环境。

（2）在制冷剂回收过程中必须保持通风。

引导问题4. 渗漏检查方法及系统泄漏的常发部位部件有哪些？

（1）检漏方法主要有肥皂泡检查法、电子检漏仪检查法、示踪染料泄漏检查法、氮气加压检查法、真空检查法、观察法。

（2）汽车空调系统泄漏的常发部位部件如表9-4所示。

表9-4 汽车空调系统泄漏的常发部位部件

部件	泄漏常发部位
冷凝器	①冷凝器进气管和储液管连接处；②冷凝器盘管
蒸发器	①冷凝器进气管和储液管连接处；②蒸发器盘管；③膨胀阀
储液干燥器	①易熔塞；②管道接口喇叭口处
制冷剂管道	①高、低压软管；②高、低压软管各接头处
压缩机	①压缩机油封；②压缩机吸、排气阀处；③前后盖密封处；④制冷剂管道接头处

（3）制冷系统检漏（肥皂泡检漏试验）。

由于制冷剂泄漏，系统压力过低，因此检漏前应加注适量的制冷剂。

① 把歧管压力表连接到系统上，确保高压端和低压端歧管手动阀处于关闭位置。

② 把中心歧管维护软管连接到制冷剂源上，打开制冷剂容器维护阀。

③ 慢慢松开中间软管与歧管压力表的连接螺母，当听到"嘶嘶"声时拧紧连接螺母。打开高压端歧管手动阀，使得低压端压力表的压力达到348kPa，然后关闭高压端手动阀。

④ 关闭制冷剂容器维护阀，从制冷剂容器上拆下软管。

⑤ 把肥皂泡涂抹在所有的接头或怀疑渗漏的位置上。当发现气泡时，即找到渗漏部位（见图9-20）。

⑥ 维修所有的渗漏部位。

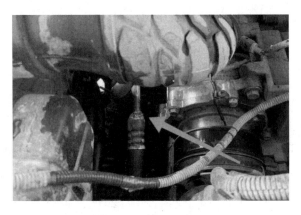

图9-20　渗漏部位

引导问题5. 制冷系统抽真空及注意事项有哪些？

（1）将歧管压力表上的高、低压管连接到制冷系统管路上，并打开高、低压端手动阀，将中间软管接在真空泵（见图9-21）进口上。

（2）拆除真空泵排气口护盖。

（3）启动真空泵。

（4）打开高、低压端手动阀，观察压力表，其指针应向抽真空方向偏摆。

（5）真空泵运转10min之后，低压表读数应低于-79.8kPa。

注意： 如果低压表读数达不到79.8kPa，则应关闭高、低压端手动阀真空泵停转，检查系统是否有泄漏，并根据情况进行修理。如果没有找到泄漏处，则继续进行抽真空工序。

图9-21　真空泵

（6）当系统真空度接近100kPa时，关闭高、低压端手动阀及真空泵，放置5～10min，如果压力回升超过3.4kPa，则说明系统有泄漏，应检查排除泄漏后，再进行抽真空工序。

（7）如果低压表指针保持不动，则继续抽真空30min以上。抽真空结束时，先关闭高、低压端手动阀，再关闭真空泵，其目的是防止空气进入制冷系统。

引导问题 6. 加注制冷剂及注意事项有哪些？

在制冷系统经过抽真空并确认没有泄漏后，可开始对系统充注制冷剂。充注方法主要有两种，一种是从高压端充注；另一种是从低压端充注。

1. 制冷剂加注工具准备

制冷剂罐注入阀（见图9-22）、R134a制冷剂、毛巾等。

图 9-22　制冷剂罐注入阀

2. 高压端充注

高压端充注是指从压缩机排气阀（高压阀）的旁通孔（多用通道）充注，充注的是制冷剂。其特点是安全、快速，适用于制冷系统的第一次充注，即经检漏、抽真空后的系统充注。但用该方法时必须注意，充注时不可开启压缩机（发动机停转），且制冷剂罐要求倒立，如图9-23所示。

（1）抽真空后，先顺时针转动制冷剂罐注入阀手柄，则阀上的顶针将制冷剂罐顶开一个小孔，再逆时针旋松注入阀手柄退回顶针，使制冷剂进入中间注入软管。

（2）旋松表阀中的注入软管螺母，如果有白色气体外溢或听到"嘶嘶"声，则说明注入软管中的空气已排除，此时可以拧紧该螺母。

（3）旋开高压端手动阀，将制冷剂罐倒立，使制冷剂以液态进入。

（4）从高压端注入规定量的液态制冷剂。关闭制冷剂罐注入阀及歧管压力表上的手动高压阀，然后将仪表卸下。

特别要注意，从高压端向系统充注制冷剂时，发动机应处于不启动状态（压缩机停转），更不可拧开歧管压力表上的低压端手动阀，以防产生液压冲击。

3. 低压端充注

低压端充注是指通过歧管压力表上的低压端手动阀，向制冷系统的低压端充注气态制冷剂。

（1）按图9-24所示，将歧管压力表与压缩机和制冷剂罐连接好。

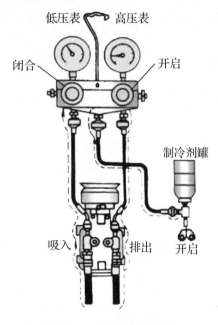

图 9-23　高压端充注

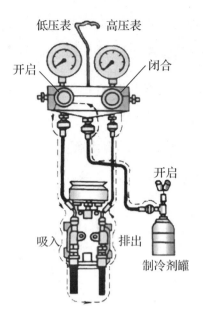

图 9-24　低压端充注

（2）打开制冷剂罐，旋松中间注入软管在歧管压力表上的螺母，直至听见有"嘶嘶"声后旋紧螺母，目的是排出注入软管中的空气。

（3）打开低压端手动阀，让制冷剂进入制冷系统。当系统的压力值达到 0.4MPa 时，关闭低压端手动阀。

（4）启动发动机，将空调开关接通，并将风机开关和温控开关都调至最大。

（5）再次打开歧管压力表上的低压端手动阀，让制冷剂继续进入制冷系统，直至充注量达到规定值。

（6）在向系统中充注规定量的制冷剂之后，从视液窗观察，确认系统内无气泡、无过量制冷剂。随后将发动机转速调至 2000r/min，冷风机风量开到最高挡。若气温在 30～35℃，则系统内低压端压力应为 0.12～0.197MPa，高压端压力应为 1.37～1.67MPa。

（7）充注完毕后，关闭歧管压力表上的低压端手动阀，关闭装在制冷剂罐上的注入阀，使发动机停止运转，然后将歧管压力表从压缩机上卸下，卸下时动作要迅速，以免排出过多制冷剂，完成后装上所有保护帽。

二、任务实施

1. 汽车空调出风口风量、温度及湿度检查

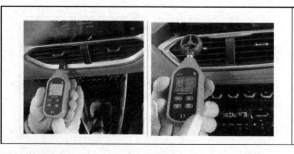

Step1：安装风速仪、温度计及湿度计。

操作结果：_____

续表

Step2：记录数据。

风速_____

温度_____

湿度_____

2. 检查并更换空调滤清器

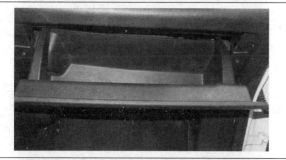

Step1：关闭空调、关闭发动机。

操作结果：_____

Step2：打开杂物箱，滑下阻尼器。

操作结果：_____

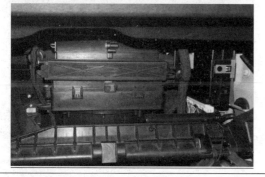

Step3：拆下空调滤清器盖。

操作结果：_____

续表

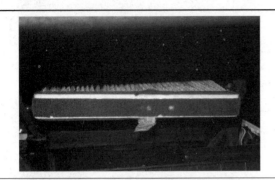

Step4：取出空调滤清器盖。

操作结果：＿＿＿＿＿＿＿＿＿＿＿

Step5：清洁空调滤清器。

技术标准：如果当前使用的空调滤清器在汽车行驶里程数不足 30000km 且滤清器表面有少量灰尘覆盖，则可以考虑清洁空调滤清器。

操作结果：＿＿＿＿＿＿＿＿＿＿＿

Step6：检查新的空调滤清器的零件号是否正确。

检查结果：＿＿＿＿＿＿＿＿＿＿＿

Step7：检查新的空调滤清器是否有污染或破损。

检查结果：＿＿＿＿＿＿＿＿＿＿＿

Step8：按照图示的方向安装空调滤清器。

技术标准：如果当前使用的空调滤清器在汽车行驶里程数超过 30000km 或滤清器表面过脏，则可以考虑更换空调滤清器。

操作结果：＿＿＿＿＿＿＿＿＿＿＿

续表

Step9：安装空调滤清器盖，安装前排乘员座前的杂物箱。

操作结果：_____

学习任务三 汽车空调常见故障的诊断与排除

情景描述

某日，车主张先生来到汽车 4S 店反馈，他的奥迪 A6 汽车忽然出现空调不制冷的现象。该车目前已行驶 1800km。作为汽车维修技师，你接到此类汽车空调检修的任务，要求了解汽车空调的常见故障并对其进行诊断与排除，然后制订检修计划，得到经理确认后，完成此任务，提交一份分析报告并归档。

故障原因分析：

（1）鼓风机开关、鼓风机电动机故障。

（2）压缩机线圈和电磁阀断路或接地不良及连接松动。

（3）压缩机连接装置松动。

（4）压缩机内部漏气，止回阀和缸盖垫片漏气，压缩机活塞、活塞环或气缸过度磨损等。

一、知识链接

引导问题 1. 空调系统常见故障及诊断方法有哪些？

启动发动机，打开空调开关，打开鼓风机开关，并将温度设置在较低的位置，如出风口无冷风吹出，这种故障应从电气和机械两方面去分析。

1. 电气方面故障

系统不制冷主要是指压缩机未工作，压缩机电磁离合器基本控制电路主要是由空调 A/C 开关、高压开关、低压开关及温控器组成的串联电路，其中只要有一个元件发生故障，空调压缩机就将停止工作。排除故障时应进行以下检查。

（1）检查压缩机主电路及其控制电路熔断器是否熔断，若熔断，则应用万用表电阻挡分段检查相关线路对地电阻，找出线路中非正常搭铁点，排除故障。

（2）拔下压缩机电磁离合器线束插头，直接将电源正极连接在电磁离合器线圈电路接头上，若电磁离合器工作，则说明电磁离合器正常，否则应更换或维修电磁离合器。

（3）检查电路中的 A/C 开关（风扇调速开关）、高压开关、低压开关、冷气继电器触点及温控器等，用短路法在接通电源时分别短接所要检查的开关，若短接某开关时电磁离合器工作，则该开关有故障。

2. 机械方面故障

（1）压缩机驱动皮带断裂，压缩机停止工作。

（2）制冷系统堵塞，制冷剂无法循环，导致系统不制冷。用歧管压力表检测系统内压力，如果低压端压力很低，高压端压力很高，则系统最可能产生堵塞的部位是储液干燥器和膨胀阀。

（3）膨胀阀感温包破裂，内部液体流失，造成膨胀阀膜片上方压力为零，阀针在弹簧力作用下将阀孔关闭，制冷剂无法流向蒸发器，因此系统无法制冷。感温包破裂后，膨胀阀一般要更换新件。

（4）系统内制冷剂全部泄漏。用歧管压力表测量系统压力，若高、低压端压力都很低，则说明制冷剂已经泄漏。此时，应先用测漏仪详细检查确定其泄漏部位，再进行修复。修复后要先对系统抽真空，然后按规定加足制冷剂及冷冻润滑油。

（5）压缩机进、排气阀片损坏，制冷剂无法循环。用歧管压力表检测系统内压力，若高、低压端压力接近相等，则说明阀片损坏。阀片损坏后，要拆卸压缩机进行修理或更换新件。

引导问题 2. 系统制冷不足故障原因及诊断方法有哪些？

1. 制冷剂和冷冻润滑油原因

（1）系统内制冷剂不足。制冷剂不足，从膨胀阀喷入蒸发器的制冷剂减少，使蒸发器中的制冷剂蒸发时吸收热量减少，故系统制冷能力下降。当诊断制冷剂不足时，可以从视液窗中看到偶尔冒出的气泡，说明制冷剂稍少，如果出现明显的翻腾气泡，则说明制冷剂严重不足。

（2）制冷剂注入量过多。制冷剂多，所占容量大，影响散热效果，因制冷效果和散热效果是热力学吸热和放热的两个过程，所以散热不好将直接影响制冷效果。如果从视液窗中看不到气泡，制冷系统高、低压两端压力均高于标准值，则可用歧管压力表排出多余的制冷剂。

（3）制冷剂和冷冻润滑油中含有杂质。由于杂质较多，在过滤器滤网上出现堵塞现象，因此制冷剂流量减少，影响制冷效果。用手摸储液干燥器两端，正常无温差，如果感觉温差明显，则说明储液干燥器堵塞。可用歧管压力表检测，如果高压端压力过高，低压端压力过低，则说明高压端有堵塞，否则说明储液干燥器堵塞，需更换。

（4）制冷剂含有空气。在系统压力和温度下，空气不能溶于制冷剂，制冷剂中混有空气将影响系统散热。有些空气随制冷剂在系统中循环，使膨胀阀喷出的制冷剂量减少，导致制冷能力下降。当制冷剂通过膨胀阀节流孔时，由于其压力和温度迅速下降，空气中的水分在膨胀阀小孔处产生"冰阻"现象。停机一会儿，待冰融化后系统又恢复工作。这种情况必须抽真空，并重新注入制冷剂。

2. 机械方面原因

（1）压缩机工作性能下降。

压缩机工作性能下降的故障及诊断和修理方法如下。

① 高压端压力偏低，低压端压力偏高，可诊断为压缩机漏气。其原因为压缩机使用时间较长，导致气缸及活塞磨损，气缸间隙增大，以及进、排气阀片关闭不严，这都会造成漏气。因此，压缩机实际排气量远小于理论排气量。解决方法：更换压缩机。

② 压缩机驱动皮带松弛，工作时打滑，传动效率低。如果有同步传感器的空调控制系统，则可自动监控压缩机转速与发动机转速是否比例恒定。如果超过某差值，则系统将自动切断压缩机电磁离合器电路。解决方法：调紧驱动皮带。

③ 电磁离合器压板与带轮的结合面磨损严重或有油污，工作时出现打滑。如果电磁离合器线路电阻过大或供电电压太低，则会使电磁离合器线圈吸力不足，从而造成电磁离合器打滑。解决方法：首先观察电磁离合器压板与带轮的间隙是否均匀，压板是否扭曲，若无法维修则更换电磁离合器。

（2）冷凝器散热性能下降。可能的原因包括冷凝器表面有污泥、被杂物覆盖或堵塞、翅片变形等。此外，冷却风扇驱动皮带松弛或转速过低也会影响散热性能。解决方法：调整驱动皮带张力，清除冷凝器表面污物及覆盖物，修整好弯曲的翅片。

（3）出风口吹出的冷气量不足。蒸发器表面结霜或鼓风机转速下降，都会使吹出的冷气量不足。解决办法：检查鼓风机调速开关、鼓风机电动机、鼓风机继电器等电路。

引导问题3．制冷系统有噪声故障原因及诊断方法有哪些？

（1）制冷剂过量引起高压管、压缩机出现敲击声，此时应排放制冷剂，直至高压端显示值正常。

（2）制冷剂不足引起蒸发器进口处出现"嘶嘶"声，此时应查清有无泄漏。若有泄漏则应先补漏，再加足制冷剂。

（3）制冷系统水分过量故障，此时应更换储液干燥器，排出原制冷剂，对系统再次抽真空，并重新充注制冷剂。

（4）压缩机离合器异响，异响的主要原因如下。

① 尖叫声。尖叫声主要由离合器结合时打滑发出，或者由于皮带过松或磨损引起。

② 振动。压缩机的振动及轴的振动也是异响的来源之一。引起压缩机振动的还有皮带张力过紧或皮带轮轴线不平行，压缩机的轴承磨损过大，也会引起轴的振动。

引导问题 4. 空调系统异响或振动故障的原因及诊断方法有哪些？

1. 故障现象

空调系统工作时发出异常的声响或出现振动。

2. 故障原因

（1）压缩机驱动皮带松动、磨损过度、皮带轮偏斜、皮带张紧轮轴承损坏等。

（2）压缩机安装支架松动或压缩机损坏。

（3）冷冻机油过少，使齿轮配合摩擦副之间出现干摩擦或接近干摩擦。

（4）间隙不当、磨损过度、配合表面油污、蓄电池电压低等原因造成电磁离合器打滑。

（5）电磁离合器轴承损坏，线圈安装不当。

（6）鼓风机电动机磨损过度或损坏。

（7）系统制冷剂过多，工作时产生噪声。

3. 故障诊断与排除

空调系统异响或振动的故障诊断流程如图 9-25 所示。

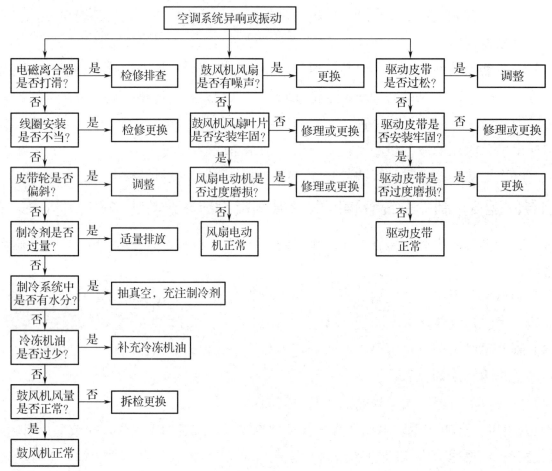

图 9-25　空调系统异响或振动的故障诊断流程

二、任务实施

1. 暖风/通风系统的温度控制故障

分析项目 表现形式	没有气流	通风口没有新鲜空气	通风口没有冷空气	通风口没有热空气
暖风/通风系统的温度控制故障				
温度控制故障				
增压器系统故障				
检查、测试调整或更换气候控制 温度传感器和阳光照射传感器				

2. 空调系统异响或振动的故障诊断

步骤	程序说明		故障叙述
1	电磁离合器是否打滑	线圈安装是否不当	
		皮带轮是否偏斜	
		制冷剂是否过量	
		制冷系统中是否有水分	
		冷冻机油是否过少	
		鼓风机风量是否正常	
2	鼓风机风扇是否有噪声	鼓风机风扇叶片是否安装牢固	
		风扇电动机是否过度磨损	
3	驱动皮带是否过松	驱动皮带是否安装牢固	
		驱动皮带是否过度磨损	

三、项目考题与配分评分表

1. 汽车空调系统检查保养模拟考题

姓名			学号		
考试开始时间		考试结束时间		总计（分）	
汽车空调系统检查保养初级考题					
模块：汽车空调系统检查保养（初级）			考核时间：50 分钟		
监考官初评：□合格□不合格	组长评：□合格□不合格		总部总评：□合格□不合格		考评员签字：
日期：	日期：		日期：		
考核项目：汽车空调系统检查保养实操考核报告					

一、车辆信息记录

品牌		整车型号		生产日期	

发动机型号		发动机排量		行驶里程	
车辆识别码					

二、更换新的空调滤清器后，检查制冷系统性能（空调开至最冷状态）

检查项目	检测数据	检查项目	检测数据
室外环境温度		左出风口风速	
室内环境湿度		中出风口风速	
室内中间出风口温度		右出风口风速	
室外中间出风口湿度		进风口风速	
不制冷时空调管路压力		制冷时空调管路压力	

三、制冷剂泄漏检查

泄漏检查位置	空调管路	膨胀阀	冷凝器	储液干燥器	压缩机
	正常□ 异常□	正常□ 异常□	正常□ 异常□	正常□ 异常□	正常□ 异常□

四、查询维修手册，记录以下信息

检查项目	记录	检查项目	记录
制冷剂加注量		制冷剂类型	

2. 考评标准

考试评分细项				
评分项	得分条件	评分标准	配分	扣分
情意面 （作业安全） （职业操守）	1. 能进行工位 9S 操作（总分 3 分） 　□1.1 整理、整顿（0.5 分） 　□1.2 清扫、清洁（1 分） 　□1.3 节约、安全（0.5 分） 　□1.4 服务、满意、素养（1 分） 2. 能进行设备和工具安全检查（总分 3 分） 　□2.1 检查作业所需要的工具设备是否完备，有无损坏（0.5 分） 　□2.2 检查作业环境是否配备灭火器（0.5 分） 　□2.3 检查检测设备的电量是否充足（1 分） 　□2.4 检查检测设备的插头及电缆的放置位置是否安全（1 分） 3. 能进行车辆安全防护操作（总分 3 分） 　□3.1 正确安装车辆绝缘翼子板布和格栅垫（1 分） 　□3.2 正确安装车内四件套（1 分） 　□3.3 正确安装后车轮挡块（1 分） 4. 能进行工具量具清洁校准存放操作（总分 3 分） 　□4.1 使用工具前对工具量具进行校准（1 分） 　□4.2 使用工具后对工具量具进行清洁（1 分） 　□4.3 作业完成后对工具量具进行复位（1 分） 5. 能进行三不落地操作（总分 3 分） 　□5.1 作业过程中做到工具不落地（1 分） 　□5.2 作业过程中做到零件不落地（1 分） 　□5.3 作业过程中做到设备不落地（1 分）	依据得分条件进行评分，按要求完成的在□中打√，未按要求完成的在□中打×并扣除对应分数，扣分不得超过 15 分	15 分	

续表

考试评分细项				
评分项	得分条件	评分标准	配分	扣分
技能面 （应用技能） （操作技能）	1. 能正确更换空调滤清器（总分4分） 　□1.1 安装前是否检查空调滤清器有无脏堵、破损（2分） 　□1.2 空调滤清器安装方向是否正确（2分） 2. 能正确检查环境和室内的温度和湿度（总分3分） 　□2.1 测量环境温度和湿度应不少于2次，且位置不同（1分） 　□2.2 测量室内温度和湿度时，应等待数据稳定后，方可读数（1分） 　□2.3 能正确记录读取的数据且单位正确（1分） 3. 能正确检查出风口和进风口的风速（总分7分） 　□3.1 检查风速前，检查出风口是否开启（2分） 　□3.2 测量室内出风口风速时，应等待数据稳定后，方可读数（2分） 　□3.3 测量室外进风口风速时，应等待数据稳定后，方可读数（2分） 　□3.4 能正确记录读取的数据且单位正确（1分） 4. 能正确检查空调管路压力（总分9分） 　□4.1 压力表表头安装前，是否将管路检测头的帽子拆除并合理放置（1分） 　□4.2 压力表安装前，是否清理压力表内的压力（1分） 　□4.3 压力表安装前，是否旋紧检测开关（1分） 　□4.4 压力表安装后，检查表头安装是否牢固（1分） 　□4.5 压力表安装后，是否旋松检测开关（1分） 　□4.6 能正确记录读取的数据且单位正确（1分） 　□4.7 压力表没有放置在发动机或其他可能存在危险的位置（1分） 　□4.8 压力表拆卸前，是否旋紧检测开关（1分） 　□4.9 压力表拆卸后，是否采取正确的方法回收管路内的制冷剂（1分） 5. 能正确检查制冷剂泄漏情况（总分2分） 　□5.1 是否佩戴护目镜（1分） 　□5.2 是否能写明泄漏的具体位置（1分）	依据得分条件进行评分，按要求完成的在□中打√，未按要求完成的在□中打×并扣除对应分数，扣分不得超过25分	25分	
作业面 （保养作业） （拆装作业） （维修作业）	1. 能正确更换空调滤清器（总分5分） 　□1.1 拆除前排乘员座前的储物箱或饰板（1分） 　□1.2 拆除空调滤清器外壳螺栓（1分） 　□1.3 拆除空调滤清器（1分） 　□1.4 清洁蒸发箱内的杂物（1分） 　□1.5 安装空调滤清器及外壳螺栓（1分） 2. 能正确开启空调至最冷状态（总分2分） 　□2.1 启动发动机，开启空调，风速调至最大、温度最低、内循环（1分） 　□2.2 降下车窗（1分）	依据得分条件进行评分，按要求完成的在□中打√，未按要求完成的在□中打×并扣除对应分数，扣分不得超过25分	25分	

考试评分细项				
评分项	得分条件	评分标准	配分	扣分
作业面 （保养作业） （拆装作业） （维修作业）	3. 能正确检查环境和室内的温度、湿度（总分 3 分） □3.1 站在车辆 1m 外，测量当前环境温度、湿度（1 分） □3.2 进入车内，将仪器放置在出风口位置（1 分） □3.3 读取当前出风口的温度、湿度（1 分） 4. 能正确检查出风口和进风口的风速（总分 5 分） □4.1 将风速仪放置在中央出风口位置，读取当前风速（1 分） □4.2 将风速仪放置在左侧出风口位置，读取当前风速（1 分） □4.3 将风速仪放置在右侧出风口位置，读取当前风速（1 分） □4.4 拆除进风口的外罩（1 分） □4.5 将风速仪放置在进风口位置，读取当前风速（1 分） 5. 能正确检查空调管路的压力（总分 5 分） □5.1 发动机熄火后，安装空调压力表（1 分） □5.2 安装空调压力表后，检查表头安装是否牢固（1 分） □5.3 读取不启动时空调高压和低压压力（1 分） □5.4 启动发动机，将空调开至最冷状态（风速最大、温度最低、内循环）（1 分） □5.5 读取怠速时空调高压和低压压力（1 分） 6. 能正确检查制冷剂泄漏情况（总分 5 分） □6.1 检查膨胀阀泄漏情况（2 分） □6.2 检查冷凝器、储液干燥器泄漏情况（1 分） □6.3 检查压缩机泄漏情况（1 分） □6.4 检查管路及高低压检测头的泄漏情况（1 分）	依据得分条件进行评分，按要求完成的在□中打√，未按要求完成的在□中打×并扣除对应分数，扣分不得超过 25 分	25 分	
信息面 （信息录入） （资料应用） （资讯检索）	1. 能正确使用维修手册查询资料（总分 4 分） □1.1 查询制冷剂压力规格（1 分） □1.2 查询室内外温度和湿度规格（1 分） □1.3 查询制冷剂加注量（1 分） □1.4 查询制冷剂类型（1 分） 2. 能正确使用设备使用手册查询所需资料（2 分） 3. 能在规定时间内查询所需资料（2 分） 4. 能正确记录所需维修信息（2 分）	依据得分条件进行评分，按要求完成的在□中打√，未按要求完成的在□中打×并扣除对应分数，扣分不得超过 10 分	10 分	
工具及设备的使用能力 （岗位所需工具设备的使用能力） （办公软件的使用能力） （查询软件的使用能力）	1. 能正确选用维修工具（1 分） 2. 能正确使用维修工具拆装（1 分） 3. 能正确使用空调压力表（2 分） 4. 能正确使用风速仪（2 分） 5. 能正确使用温度计（1 分） 6. 能正确使用湿度计（1 分） 7. 能正确使用制冷剂泄漏检测设备（2 分）	依据得分条件进行评分，按要求完成的在□中打√，未按要求完成的在□中打×并扣除对应分数，扣分不得超过 10 分	10 分	

续表

考试评分细项				
评分项	得分条件	评分标准	配分	扣分
分析面 （诊断分析） （检测分析） （调校分析）	1. 能判断室外温度是否正常（1分） 2. 能判断室外湿度是否正常（1分） 3. 能判断室内温度是否正常（1分） 4. 能判断室内湿度是否正常（1分） 5. 能判断出风口风速是否正常（2分） 6. 能判断进风口风速是否正常（2分） 7. 能判断空调管路压力是否正常（2分）	依据得分条件进行评分，按要求完成的在□中打√，未按要求完成的在□中打×并扣除对应分数，扣分不得超过10分	10分	
表单填写与报告的撰写能力 （电子工单） （纸质工单） （任务记录单）	1. 字迹清晰（1分） 2. 语句通顺（1分） 3. 无错别字（1分） 4. 无涂改（1分） 5. 无抄袭（1分）	依据得分条件进行评分，按要求完成的在□中打√，未按要求完成的在□中打×并扣除对应分数，扣分不得超过5分	5分	
合计：				

课后习题

一、填空题

1. 现在汽车空调系统由_____、_____、_____、_____及_____组成。

2. 冷冻机油的作用：_____、_____、_____、_____。

3. 制冷循环由_____、_____、_____和_____四个过程组成。

4. 水暖式取暖系统的基本组成有_____、_____、_____、_____等。

二、判断题

1. 汽车空调是根据物质状态改变时吸收或释放热量这一基本热原理工作的。（   ）

2. 汽车空调的冷凝器一般位于发动机冷却系统散热量的前面，将热量向汽车外部释放。
（   ）

3. 空调热敏电阻装在蒸发器的外侧正面，用以检测蒸发器所排出气体的温度。（   ）

4. 在汽车空调运转时，若怠速稳定，则放大器中的继电器触点闭合，电磁离合器分离，空调压缩机停止工作。
（   ）

三、选择题

1. 根据通风方式的不同，可将汽车空调通风分为（   ）。

A. 自然通风　　　　B. 强制通风　　　　C. 以上都是

2. 当空调感温包附近温度近于0℃时，管路中（　　　）。

　　A. 制冷剂流量增大　　　　　　　　　B. 制冷剂流量减少

　　C. 钢球切断制冷剂供液通道

3. 空调系统中蒸发器的作用是（　　　）。

　　A. 控制制冷剂流量　　　　　　　　　B. 其中的制冷剂吸收车厢中的热量

　　C. 将制冷剂携带的热量散至大气中

四、简答题

1. 简要叙述汽车空调的制冷循环过程。

2. 目前汽车空调制冷剂多采用什么物质？它有哪些优点？

3. 空调制冷压缩机的功用是什么？

4. 汽车空调系统中储液干燥器的作用有哪些？